EL PEQUEÑO LIBRO DE LA MOTIVACIÓN

Rubén Turienzo

alienta
EDITORIAL

© 2016 Rubén Turienzo

© Centro Libros PAPF, S.L.U., 2016
 Alienta es un sello editorial de Centro Libros PAPF, S. L. U.
 Grupo Planeta
 Av. Diagonal, 662-664
 08034 Barcelona

www.planetadelibros.com

Ilustraciones del interior: © Mamen Díaz

ISBN: 978-84-16253-58-6
Depósito legal: B. 15.038-2016
Primera edición: septiembre de 2016
Quinta edición: diciembre de 2021
Preimpresión: Victor Igual, S.L.
Impreso por Egedsa

Impreso en España - *Printed in Spain*

El papel utilizado para la impresión de este libro está calificado como papel ecológico
y procede de bosques gestionados de manera sostenible.

No se permite la reproducción total o parcial de este libro, ni su incorporación a un sistema
informático, ni su transmisión en cualquier forma o por cualquier medio, sea éste electrónico,
mecánico, por fotocopia, por grabación u otros métodos, sin el permiso previo y por escrito del
editor. La infracción de los derechos mencionados puede ser constitutiva de delito contra la
propiedad intelectual (Art. 270 y siguientes del Código Penal).
Diríjase a CEDRO (Centro Español de Derechos Reprográficos) si necesita fotocopiar o escanear
algún fragmento de esta obra. Puede contactar con CEDRO a través de la web www.conlicencia.
com o por teléfono en el 91 702 19 70 / 93 272 04 47.

Quien prepara bien su estrategia,
nunca mira el reloj con ansiedad.

Quien lidera desde el ejemplo,
siempre tendrá en su equipo
un espejo en el que reflejarse.

Gracias por tu motivación.

ÍNDICE

Sobre el autor — 11
Introducción: Toda la verdad sobre la motivación — 13

PARTE 1: TEORÍAS QUE DEBES SABER USAR

Introducción — 23
1. Teoría de las necesidades de Maslow — 25
2. Teoría de la existencia, la relación y el crecimiento (ERG) de Alderfer — 28
3. Teoría del reforzamiento de Skinner — 31
4. Teoría de las metas de Locke — 34
5. Teoría X e Y de McGregor — 37
6. Teoría Z de Ouchi — 40
7. Teoría de la equidad de Adams — 42
8. Teoría de las necesidades adquiridas de McClelland — 45
9. Teoría de los tres elementos de Pink — 49
10. Teoría del talento de Cubeiro — 52
11. Teoría de los dos factores de Herzberg — 54
12. Teoría de la generosidad de Grant — 58
13. Teoría del OK corral de Ernst — 60
14. Teoría de las expectativas de Vroom — 63
15. Teoría del análisis transaccional de Berne — 66
16. Teoría de la determinación de Jericó — 70
17. Teoría de la felicidad de Lyubomirsky — 72
18. Teoría de la neurociencia aplicada a la motivación de Romo — 74
19. Teoría de la transformación del contexto de Turienzo — 77
20. Teorema del compromiso y sistema FUCK — 83

PARTE 2: MOTIVADORES INTRÍNSECOS

Introducción — 89

21. El modelo del optimismo	91
22. El modelo del conocimiento	93
23. El modelo de la diversión	95
24. El modelo de la autoestima	97
25. El modelo de la pasión	100
26. El modelo de la independencia	102
27. El modelo del legado	104
28. El modelo del honor	107
29. El modelo de la venganza	109
30. El modelo del miedo	111

PARTE 3: MOTIVADORES EXTRÍNSECOS

Introducción	117
31. El modelo del poder	119
32. El modelo del amor	121
33. El modelo del reto	124
34. El modelo del apoyo	125
35. El modelo de la libertad	127
36. El modelo de reconocimiento y recompensa	129
37. El modelo de la reputación	133
38. El modelo del compromiso	134
39. El modelo de la aceptación	136
40. El modelo de la tribu	138

PARTE 4: INTERFERENCIAS HABITUALES

Introducción	143
41. Tristeza	147
42. Desconfianza	148
43. Soberbia	150
44. Envidia	151
45. Apego	153
46. Miedo	154
47. Desengaño	156
48. Celos	158

49. Prioridades — 160
50. Otras interferencias — 162

PARTE 5: POTENCIADORES ESTRATÉGICOS RACIONALES
    Introducción — 167
51. Método MEJORA — 169
52. Cadena de Kövard — 173
53. Estrategia Beatles — 176
54. Estrategia AC/DC — 180
55. Estrategia KISS — 183
56. Estrategia Rolling — 186
57. Caballo de Troya — 190
58. La Orden Jedi — 193
59. El tercer pistolero — 196
60. El padrino — 198

PARTE 6: POTENCIADORES DISCURSIVOS EMOCIONALES
    Introducción — 203
61. Los cuatro textos — 205
62. Discurso ilusionante — 208
63. Discurso Hollywood — 212
64. Discurso piramidal — 217
65. Discurso del héroe — 219
66. Discurso Dalí — 222
67. *Rapport* supremo — 225
68. Las migas emocionales — 229
69. De chantajes y emociones — 232
70. Limitar lo ilimitado — 234
Bonus. Menos por *qués* y más para *qués* — 237

PARTE 7: APÉNDICE
    No es por dinero, estúpido — 241
    La pregunta motivadora — 247
    La ultimísima palabra — 253

Bibliografía de apoyo 261
Agradecimientos 265
Hasta la próxima 269

SOBRE EL AUTOR

Rubén Turienzo es fundador de la compañía **wiwin**. Experto en motivación orientada a resultados, es conferenciante internacional, formador y escritor. Invita a las personas a actuar con mayor responsabilidad, coraje, eficacia y eficiencia. Sus ideas combinan profundidad humanista con un gran pragmatismo. Ha creado e implementado programas formativos sobre liderazgo, comunicación, motivación de equipos y orientación de resultados en multinacionales como IKEA, Telepizza, Disney, Red Bull, Telefónica, Adecco o Coca-Cola, entre otras.

Miembro permanente del TOP Ten Management, ha ganado tres galardones estadounidenses Victory Awards como uno de los mejores consultores del panorama internacional, y recibió en Nueva York, además, la Mención de Honor a la Calidad Formativa. También ha sido galardonado con el premio FARO de Venezuela al mejor consultor europeo y el Premio Nacional de Creatividad Aplicada Aedi.

Estudió Historia del Arte en la Universidad Complutense de Madrid, y los másteres en Psicología Evolutiva y *Coaching* Ejecutivo; además de contar con un MBA por la Universidad de Barcelona. Autor incansable, ha publicado diez libros sobre desarrollo personal y profesional, entre los que se encuentran los exitosos *Smile. El arte de la actitud positiva* y *Carisma complex* en Alienta Editorial.

Le apasiona el mar —por arriba y por abajo—, los fuegos artificiales, la música en directo, una buena sobremesa, los peta-zetas, una historia con final inesperado, el Atlético de Madrid, hacer regalos, andar descalzo... Y, por supuesto, motivar sonrisas.

Puedes ponerte en contacto con él a través de su correo electrónico ruben@wiwin.es o visitar <www.rubenturienzo.com>.

INTRODUCCIÓN: TODA LA VERDAD SOBRE LA MOTIVACIÓN

Un motivo no es siempre una meta para ser alcanzada, sino un horizonte hacia el que dirigir tus pasos. Un motivo es un sentimiento, un impulso, un pensamiento que hace que tu resorte interior se accione y, con ello, toda tu mente y tu cuerpo se dirijan hacia esa actividad. Aferrarse a un motivo marca la diferencia, porque sin motivo no hay motivación. Por mucha energía, esfuerzo o deseo que se posean, sin un motivo pronto los pensamientos se transformarán en apatía, frustración y comenzará la temida procrastinación. ¿Lo has vivido verdad? ¿Y quién no? Es ahí donde radica la verdadera magia de la motivación, en descubrir los motivos que nos cambian, ilusionan, impulsan y llaman a la acción. Ése es el hito, y objetivo principal de este libro; descubrir juntos cómo construir una motivación poderosa en nuestras mentes y facilitar el escenario para que otras personas también se motiven con nosotros o los objetivos compartidos. Sin palos, ni zanahorias.

Este libro tiene el valiente propósito de convertirse en el mayor compendio sobre motivación jamás escrito. En él encontrarás más de cuarenta técnicas de creación propia, variaciones de herramientas utilizadas por grandes líderes mundiales, reputados psicólogos, entrenadores deportivos de alto rendimiento o conocidos artistas creativos. Pero además proporciona, a disposición de quien dedique su tiempo a estas páginas, todas las teorías sobre motivación que representan los más relevantes paradigmas para alcanzar, en nosotros y en otras personas, la ansiada motivación. No es sencillamente un glosario teórico, o un recopilatorio de grandes éxitos, sino que este libro que tienes en tus manos, en este pequeño formato, es el auténtico vademécum innovador de la motivación. Aquí encontrarás el *qué*, el *porqué*, el *para qué* y, sobre todo, el *cómo* de los fundamentos más avanzados con los que conseguir pasar a la acción. Todo ello en una edición con el formato justo contra los textos superfluos o las palabras sobrantes. Así que tras introducir el *qué*, vayamos al *porqué* de este libro.

Palos largos y zanahorias sabrosas. Ésta es la premisa en la que se ha basado habitualmente la motivación vivida por la mayoría de la población. Sin embargo, tras doscientos años es lógico reconocer que los palos estén carcomidos y las zanahorias podridas. Y es que fue hace dos siglos cuando el filósofo inglés Jeremy Bentham teorizó que toda acción humana era impulsada por la evitación del dolor y la consecución del placer. De ese modo, era fácil llegar a la conclusión de que si queríamos alcanzar un objetivo, sólo debíamos saber ofrecer, y ofrecernos, los placeres oportunos (zanahorias), mientras que intentábamos incentivar acciones orientadas a evitar los momentos dolorosos (palos). Cientos de miles de líderes de todo el mundo han dirigido (y dirigen) sus organizaciones con esta simple teoría, pero lo más preocupante aún, millones de personas rigen sus vidas, sus relaciones sociales, sus parejas e incluso la educación de sus hijos, bajo este planteamiento. Zanahorias y palos. Algo terrible porque, ¿qué pasa cuando la zanahoria se envenena? ¿Qué sucede cuando la motivación no se basa en alcanzar la satisfacción, sino en evitar sentimientos negativos? ¿Cómo dirigir nuestras acciones correctamente cuando el motivador está siendo el miedo? ¿Qué nos alienta cuando aun saboreando una zanahoria, cual espada de Damocles, el palo se cierne sobre nuestras cabezas? La aplicación de la teoría de Bentham nos somete, nos apaga, nos anula, nos provoca estrés y desconfianza. De hecho, los resultados de unos experimentos realizados por el reconocido MIT en Estados Unidos y la India lo demostraron: tratar de motivar el trabajo mediante incentivos económicos exclusivamente es útil para tareas muy simples, habilidades mecánicas, y no sólo no funcionan en trabajos cognitivos, de creatividad y de resolución de problemas, sino que provocan un efecto inverso, puesto que consiguen disminuir el rendimiento. Y si esto sucede en el entorno laboral, ¿cómo crees que funciona este método en las relaciones de pareja, sociales o con nosotros mismos? Pues con similares resultados, nuestras acciones están más dirigidas a evitar el conflicto que al deseo de llevarlas a cabo buscando el bien común, la sintonía compartida o el éxito anhelado. Con este escenario es altamente improbable que llegue la motivación deseada, e imposible que dicho motivo sea algo que nos incite a algo más que al corto plazo. Así que olvídate de Jeremy Bentham porque, así como recito en mi mantra: ***Zanahorias y palos = Pobres resultados***. Todo radica en el motivo. En nuestro horizonte hacia el que dirigir nuestros pasos.

Una correcta motivación suple algunos problemas habituales y destructivos que en una organización de personas suelen aparecer. Dificultades, obviamente, que no desaparecen y que habrá que incidir sobre ellas para superarlas definitivamente. Pero la motivación, si está bien provocada y desarrollada, ayuda a evitar que la baja remuneración sea un problema, minimiza los efectos de una jerarquía torpe, favorece encontrar alternativas al control o la falta de confianza, elimina el sentimiento de subsistir con desinformación, de tener carencias formativas o la falta de capacitación. Aniquila la apatía, la dejadez, la ausencia de continuidad en los compromisos, la frustración y las emociones tóxicas. Pero más importante aún, una correcta motivación otorga responsabilidad, valoración de sí mismo y de otras personas, ayuda a identificar los objetivos, posiciona el buen liderazgo y genera un ambiente de eficiencia y eficacia. No es el elixir de la eterna juventud... Pero se le parece bastante. Porque una correcta motivación nos hace crear, construir, nos alienta a superarnos, a ir más allá, nos devuelve el entusiasmo, la inspiración y la fuerza. Porque no es que una persona se motive proyectando energía, sino que esa energía que vemos es un síntoma de que ha encontrado un motivo suficiente para dar su mejor versión. Un horizonte hacia el que encaminar sus pasos.

En mis años de consultor he escuchado frases como que el trabajador «tiene que venir motivado de casa», que la actitud positiva «vende menos» que la agresividad y el miedo, o aquella frase que la *top model* de los noventa Linda Evangelista popularizó cuando en una entrevista para *Vogue* proclamó que ella «no salía de la cama por menos de 10.000 dólares». Y es que en lo referente a encontrar un motivo, encontramos un enorme cajón de sastre sin estructura y en el que todo y nada vale. Muchos aciertos que analizaremos a continuación, como son las teorías de Herzberg, Locke, Skinner, Grant o Cubeiro, pero sin duda muchos errores (demasiados) de quienes no han sabido leer a éstos han denostado el concepto de la motivación, que no es sino encontrar un motivo profundo que transforme nuestra inacción en acción. Sin más. Borremos esas desacertadas ideas que algunos descontextualizan y profundicemos en los aciertos, aportemos orden a ese cajón y reconozcamos que ante la pregunta «¿qué te motiva?», «¿qué motiva a tu pareja, compañeros de trabajo o amigos?» y, sobre todo, «¿cuál es tu mayor motivador?», las respuestas serían nimias, baladíes, triviales o vacías. O sencillamente se caería en un genérico «en cada momento, una cosa diferente». Mi compromiso es el siguiente: si lees este libro sabrás identificar todos y cada uno de los elementos motivadores. Conocerás dónde y cómo encontrar el motivo. Y lo que es más importante de todo, no volverá a existir para ti ningún cajón de sastre oscuro en el que se pierda tu motivación y provoque esa procrastinación de la que antes hablábamos y que acabará mutando en apatía, tristeza, ira o rabia.

Sin zanahorias y sin palos. Si no se apuntala, renueva, cambia y evoluciona, todo sufre el paso de doscientos años. Por eso este libro pretende jubilar a Bentham dándole gracias por los servicios prestados. Y con él a todas las personas que aún están ancladas en un sistema de motivación arcaico, anárquico y que no atiende al fundamento esencial: nadie puede ser motivado si no quiere ser motivado. Al menos si buscamos con ello compromiso y perdurabilidad. Es ahí donde debemos encontrar un nuevo enfoque, y es el punto desde el que surge mi propio teorema (que veremos a continuación), pero, sobre todo, donde comparto contigo un nuevo prisma que se une a lo ya conocido para aumentar el compromiso en tiempo y calidad de la motivación en nosotros y en otras personas. Es decir, hasta ahora se definían dos agentes motivadores: intrínsecos (que surgen desde nuestro interior) y extrínsecos (nos son proporcionados desde nuestro entorno), que a lo largo del libro analizaré, explicaré y aportaré los que, según mi experiencia profesional en empresas como Red Bull,

Repsol, Telefónica, IKEA, Vitaldent, Johnson & Johnson o Telepizza, tienen más impacto y recorrido. Pero ¿cómo conseguimos anclar un motivo al compromiso y a la permanencia en el tiempo? ¿Cómo alcanzamos la huella necesaria para que esa fuerza, ilusión y ganas genere raíces en nuestra mente o en la de otras personas? ¿Qué nos falta a la hora de explosionar nuestra motivación o nuestra capacidad motivadora? Bien es sabido por todo el mundo que alguien que quiere perder peso encontrará motivadores intrínsecos como son el sentirse atractivo y el aumento de la autoestima o la mejora de su salud. A éstos se le unen algunos extrínsecos como la admiración social o incluso recompensas sentimentales o laborales. Pero si los motivos son sólidos, ¿por qué la motivación no consigue superar la barrera del compromiso y la perdurabilidad? ¿Por qué a la mayoría de las personas les cuesta tanto dejar de fumar pese a tener motivos como la salud y la aprobación social? ¿Por qué a alguien le cuesta terminar un trabajo escrito que le puede servir para obtener más satisfacción e incluso dinero o posicionamiento profesional? Sencillamente porque cuando hablamos de motivación sólo lo hacemos desde el prisma de dar el primer paso, de pasar de cero a uno; es decir, de decidir cambiar la inacción en acción. Si lo que queremos es encontrar una motivación eficiente y que ésta nos ayude a alcanzar nuestras metas y motivos, necesitamos profundizar en un paso más allá. Y es aquí donde aporto mis descubrimientos revolucionarios en el teorema que más adelante en el libro desarrollaré: los potenciadores.

Los potenciadores son técnicas y herramientas que se utilizan para aumentar la motivación, y provocar la unión del motivo con el compromiso, haciéndolo permanente en el tiempo. Se dividen en dos grandes bloques: potenciadores estratégicos racionales (basados en un plan de acción o proceso de seguimiento) y discursivos emocionales (con fundamentos de retórica y oratoria). Pueden ser usados tanto para nosotros mismos como para otras personas, y la motivación de equipos es su foco con mayor proyección al generar eficacia y eficiencia en los objetivos motivacionales desarrollados.

Según mi teorema, el *compromiso* (C) es el resultado que hallamos al descubrir un *motivo* (m) y restarle las *interferencias* (i), elevando el resultado de dicha operación al *potenciador* (p) apropiado. De ese modo, encontrar el motivo, intrínseco o extrínseco, suma y es vital para alcanzar nuestra energía. La pasión, el honor, la autoestima, la independencia o incluso la venganza serán la fuerza con la que arranque nuestro impulso. Sin embargo, seguro que encontraremos elementos que provoquen interferencias a nuestra atención y foco, como el entorno personal, la falta de tiempo, la apatía, el error en la priorización o el intento excesivo de agradar a todo el mundo, que restarán fuerza y energía a nuestro resultado. A esta terrible realidad nos enfrentamos cada día. Por ello es el potenciador exponencial, ya sea estratégico o discursivo, lo que impulsa un verdadero compromiso unido a la perdurabilidad. Lo que de verdad da sentido a la motivación poderosa es la combinación de motivo con estrategia y discurso. Compromiso y perdurabilidad. La fórmula secreta que todo el mundo estaba buscando y aquí, en estas páginas, se muestran en negro sobre blanco, decenas de elementos para que localices, uses y disfrutes de cada una de las claves. Motivos, interferencias y potenciadores.

Una fórmula esencial para un momento en el que hemos cedido nuestra capacidad de concentración y nuestra disciplina en la búsqueda de objetivos cortoplacistas en una sociedad de usar y tirar, en la que las constantes distracciones nos atontan y despistan haciéndonos perder el foco de un objetivo trascendente. Un método que nos devuelve la ilusión por la libertad y elimina los sabotajes y boicots que constantemente nos autoinfligimos, buscando una torpe y sobrevalorada seguridad alejada de nuestra zona de desarrollo. Una receta para luchar contra la prisa, pero que favorece la rapidez, con ingredientes como las expectativas, los esfuerzos, las necesidades, la responsabilidad o el amor. Porque un buen guiso no se puede hacer al microondas, pero sí se pueden preparar los ingredientes con un procedimiento más competente.

Hagamos fogatas con los palos y pasteles con las zanahorias. Saquemos nuestros excelentes discursos y construyamos las mejores estrategias para dar sentido a los motivadores intrínsecos y extrínsecos más eficientes. Disfrutemos del resultado con el regusto de ese segundo paso que nos asegura que el movimiento ya no va a parar. Ahí radica el *cómo* de este libro y cierra el círculo que comencé con el *qué* encontrarías en estas páginas. Si aprendemos a identificar los motivadores más poderosos, huimos de las interferencias más recurrentes y somos capaces de generar combinaciones con los potenciadores adecuados, no sólo habremos encontrado una extraordinaria motivación, sino que nuestra propia esencia estará siendo elevada en lo profesional y personal.

Ningún horizonte estará demasiado lejos para ti o las personas que conformen tu equipo. Ningún escenario será demasiado utópico. No habrá ningún cajón oscuro de nuevo en vuestra vida. Pero lo más importante de todo, tendrás en tu interior una fórmula grabada a fuego que servirá para espolear tus miedos e incertidumbres y hacer honor a los grandes maestros Maslow, Adams, McClelland, Daniel Pink o a mí mismo. Una fórmula para motivarlos a todos. Un método para dar valor a la persona más importante del mundo: a ti mismo.

Aquí comienza *El pequeño libro de la motivación*. Desabróchate el cinturón, pon el respaldo en horizontal, enciende los dispositivos electrónicos para anotar, tuitear o compartir, y disfruta de este viaje. Te aseguro que al finalizar nada será igual. Sencillamente porque habrás conseguido que todo pueda ser mejor.

Hagamos que las cosas sucedan.

Gracias por tu tiempo y tu dedicación.

PARTE I

TEORÍAS QUE DEBES SABER USAR

INTRODUCCIÓN

Nada es más capcioso que un liderazgo basado en el ordeno y mando, incluso en el ejército. Aseguraba el general estadounidense George Patton que se debía huir de ordenar al equipo cómo hacer las cosas, ya que lo ideal era hablarles del objetivo deseado y dejarse sorprender por el resultado que ellos propondrían. Victor Vroom aseguraría que las expectativas del individuo marcarían el esfuerzo o el desempeño. Abraham Maslow nos situaría en un escalafón de su famosa pirámide, Adam Grant nos hablaría del compromiso bidireccional y Frederick Herzberg se centraría en la satisfacción del individuo mientras realiza la acción para definir dichos resultados. Pero ¿cómo es esto posible? ¿Acaso no existe una ley universal para hablar de la motivación? Definitivamente no. Y eso es lo que convierte este apartado del desarrollo personal y organizacional en algo extraordinario.

Al menos existen veinte teorías bien desarrolladas y aceptadas para la gestión motivacional, algunas incluso contradictorias, este hito provocó que mientras investigué mi fórmula tuve que realizar todas las pruebas necesarias para encontrar puntos de unión entre los diferentes planteamientos para que el teorema funcionase como argamasa de esta maravillosa construcción que es la capacidad de hacer que las cosas sucedan en nosotros y nuestros equipos.

No obstante, el primer y lógico paso antes de llegar a mi aportación al sector es explicarte cada una de estas teorías de la motivación para que las conozcas. De ese modo, tú podrás elegir cuál utilizar en cada situación y cómo deben aplicarse en diferentes personas o momentos, ya que conociendo todas las particularidades que debes saber usar ganarás en conocimiento y profesionalidad, pero, sobre todo, serás alguien mucho más libre, con mejor liderazgo y mayor eficiencia.

La palabra *motivación* tiene su origen en el verbo latino *movere*, que significa «moverse, poner en movimiento, estar listo para la acción». Por lo tanto, cuando hablamos de motivación nos referimos a ese elemento que provoca pasar de la inacción a la acción. Transformar una actitud contemplativa en ser impulsores de los resultados. Una definición más formal, desde el punto de vista empresarial, podría expresarse como la fuerza o impulso interior que inicia, mantiene y dirige la conducta de una persona con el fin de lograr un objetivo determinado. Por lo tanto, motivación es responsabilidad, inconformidad y cambio. La motivación significa una ruptura con lo existente y el *statu quo*, así que debido a ello deberemos entender que pese a conocer todas las teorías y sus usos, deberemos siempre apreciar y valorar la resistencia al cambio, e incluso la naturaleza de la inacción como parte esencial del proceso. Si la vida es un remanso, estas teorías son la piedra que rebotará sobre las aguas y generará unas consecuencias a modo de olas. Mantener ese oleaje define a la perfección la capacidad de motivación de una persona.

Te animo a que conozcas cómo utilizar las veinte piedras que te ayudarán a provocar el tsunami deseado en tu vida o en la de tus equipos.

1. TEORÍA DE LAS NECESIDADES DE MASLOW

La pirámide de Maslow es la más conocida del mundo, tras la alimentaria, las de Egipto y México. Creada en 1943 cuando el psicólogo estadounidense Abraham Maslow publicó el artículo científico «Una teoría sobre la motivación humana», fue ampliada posteriormente en el libro *Motivation and Personality* (1954). Maslow resumió en la imagen de una pirámide **la jerarquía de las necesidades humanas, que deben satisfacerse en orden secuencial desde la base hasta la cúspide.** Maslow sugiere que no acometer cualquiera de los distintos niveles impediría el avance hacia el nivel siguiente, así como que ninguna posición es permanente y el movimiento ascendente o descendente es continuo debido a las presiones o cambios del entorno.

A grandes rasgos, la jerarquía sigue un camino que debe completarse para llegar a la felicidad, y la búsqueda de los elementos deseados será la generadora de la motivación. Primero se buscaría satisfacer las necesidades fisiológicas, que son aquellas que responden a la supervivencia, y una vez alcanzadas, abordaríamos necesidades relacionadas con la seguridad, o la huida del miedo. Tras esto, nos elevaríamos a la fase de integración, o sentido de pertenencia desde la socialización, el contacto y el amor. Proseguiríamos por las necesidades de autoestima, en las que se trabajaría el respeto, la satisfacción o la reputación, y terminaríamos en la cúspide con la realización personal, que no sólo se refiere a alcanzar el pleno potencial, sino también al legado de nuestras acciones sobre nuestro sentido de la vida y nuestro entorno.

Es oportuno considerar que aunque algunos profesionales otorgan credibilidad total a la teoría de Maslow, la mayoría de los datos recopilados en diferentes investigaciones no certifican ni garantizan el éxito de la famosa pirámide. Mahmoud A. Wahba y Lawrence G. Bridwell realizaron en *Maslow Reconsidered: A Review of Research on the Need Hierarchy Theory* (1976) una revisión extensa de la teoría y

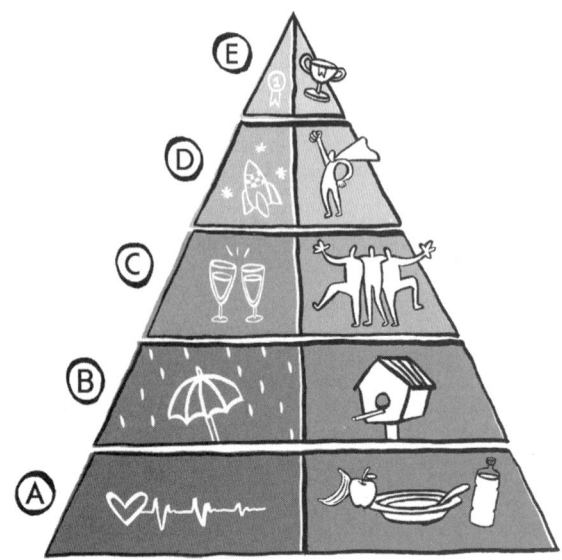

Ⓐ Necesidades fisiológicas o básicas
Alimentación, mantenimiento de salud, respiración, descanso, sexo.

Ⓑ Necesidad de seguridad
Necesidad de sentirse seguro y protegido: vivienda, empleo.

Ⓒ Necesidades sociales
Desarrollo afectivo, asociación, aceptación, afecto, intimidad sexual.

Ⓓ Necesidad de autoestima
Reconocimiento, confianza, respeto, éxito.

Ⓔ Necesidad de autorrealización
Desarrollo potencial.

hallaron exiguas evidencias de que dicho orden de necesidades de Maslow tuviese un patrón establecido o de que existiera jerarquía alguna. Además, la pirámide de Maslow también ha recibido críticas por ser difícil de probar su concepto de autorrealización debido a que la felicidad es relativa, e incluso se puede alcanzar sin tener los escalones inferiores de la pirámide satisfechos. Sirve como ejemplo el alpinista que sacrifica su seguridad a cambio de ser el primero en alcanzar la cumbre, o el operario que mantiene un trato exquisito en su puesto con compañeros y clientes pese a tener que buscar otros trabajos para solventar la base de su pirámide.

USA ESTA TEORÍA CON TU EQUIPO

- Genera un entorno de trabajo que satisfaga las necesidades básicas y en el que el desempeño de la acción se haga desde la comodidad. Ventilación, iluminación, agua, descanso, salarios o condiciones de la competencia son algunos de los elementos iniciales para mejorar la motivación.
- Fomenta la interacción social y el sentimiento de pertenencia. Para ello genera diálogo, colaboración o incluso crea instantes de socialización en los lugares comunes, actividades compartidas o mesas de trabajo abiertas.
- Da *feedback* y construye planes de carrera desde el compromiso de la organización, con honestidad y rigurosidad. Aporta beneficios sociales a los miembros de tu equipo.
- Elogia, forma, delega responsabilidades y escucha activamente, dejando que las aportaciones se vean llevadas a la práctica y que los resultados sean valorados y premiados públicamente.

2. TEORÍA DE LA EXISTENCIA, LA RELACIÓN Y EL CRECIMIENTO (ERG) DE ALDERFER

Clayton Alderfer en su obra *An empirical test of a new theory of human need* (1969) se inspiró en la pirámide de Maslow cuando creó sus tres categorías de factores de motivación humana. Las denominó existencia *(existence)*, relación *(relatedness)* y crecimiento *(growth)*, de ahí ERG.

La gran aportación de Alderfer no fue sólo la reasignación de elementos, sino a su vez la afirmación de que a diferencia de la rigidez de Maslow, el crecimiento no era piramidal y exclusivo, sino que se podían trabajar los tres campos a la vez de manera continua. Esto significa que **la motivación seguiría respondiendo a un patrón de necesidades, pero que el individuo pone el foco sobre el elemento que verdaderamente le incita a la acción, y no en el siguiente en el escalafón.**

Además, añadió dos indicadores que nos ayudaban a localizar las situaciones particulares de la motivación de un trabajador cuando desde un bloque de necesidades pasaba a otro, ya que si este movimiento se promovía de manera ascendente, esto respondía a la progresión por satisfacción; es decir, tras ver satisfechas sus expectativas, avanzaba a una realización superior. Por otro lado, si era descendente, podía referirse a una regresión por frustración, debido a no haber podido cumplir o satisfacer las necesidades superiores, y el individuo se refugia en elementos más básicos.

Alderfer mejoró de esta forma los postulados de Maslow, su teoría es más dinámica y adaptativa e introduce los factores de crecimiento y decrecimiento que, sin duda, marcan un camino para desentrañar las particularidades individuales de cada miembro de un equipo.

USA ESTA TEORÍA CON TU EQUIPO

- Céntrate en potenciar elementos de las tres categorías, de ese modo todos los participantes encontrarán un motivador y no se generará insatisfacción o frustración. Habrá quien use sólo acciones de un apartado y habrá quien necesite asumir elementos particulares de varias categorías. Por ejemplo, mientras generas mejoras en las condiciones de trabajo, refuerza los elementos de socialización mediante el juego o la competición y además establece concursos de ideas o *brainstorming*.

- Mantén una comunicación fluida y una línea de evaluación y seguimiento. De este modo serás capaz de anticiparte a posibles regresiones por frustración. Cuando alguien no satisfaga sus necesidades

superiores comenzará a plantearse las existenciales, por lo que un correcto seguimiento de planes de acción y compromiso te ayudará a mantener la satisfacción por progresión.
- Si pese a esto un miembro del equipo inicia una regresión, establece un muro de contención con una negociación de mínimos, refuerza positivamente y utiliza los potenciadores que verás más adelante en este libro.
- Forja un compromiso bidireccional, cumpliendo tus promesas y siendo exigente con los objetivos esperados y pactados.
- No pongas techo a la progresión por satisfacción, pero dialoga para entender qué elementos cubren las expectativas de cada individuo, ya que mientras que para alguien esto puede ser tener un vehículo de empresa, para otra persona será tener más cuota de poder o incluso sentir la confianza tomando la portavocía de su área profesional.

3. TEORÍA DEL REFORZAMIENTO DE SKINNER

Contrario a la motivación por contenido que veíamos en las dos teorías anteriores, Burrhus Frederic Skinner desde su cátedra en Harvard desarrolló un análisis más simple de la realidad basado en el refuerzo del conductismo. En dicha formulación, un responsable no necesita saber las necesidades que tiene su equipo ni cómo desea satisfacerlas. Skinner asevera que el líder de un equipo sólo necesita entender qué relación existe entre las conductas y sus consecuencias para así crear aquellas condiciones de trabajo que estimulen las actitudes positivas y eviten las negativas que no se desean. Es decir, **un empleado no se motiva mediante la satisfacción de sus necesidades, ni por las posibilidades que puede tener de desarrollo dentro de la empresa, sino mediante las consecuencias positivas o negativas de sus acciones.**

Dicho de otro modo, Skinner lleva a otro nivel aquello del palo y la zanahoria, transformándolo en un bolígrafo rojo y otro verde. Con el primero corregimos acciones que hay que extinguir o castigar, con el segundo reforzamos acciones que deben ser replicadas e instauradas en el desarrollo interno del individuo.

Esta teoría, si bien es escasa y se queda algo desdibujada en lo referente al análisis de los múltiples aspectos que condicionan el comportamiento y la motivación de todo trabajador, nos sirve para focalizar la motivación hacia acciones de corto plazo, fijar homogeneidad entre los miembros de un equipo, definir conductas adecuadas y erróneas, establecer sistemas de medición, así como para definir los procedimientos de cada puesto, los requerimientos y sus consecuencias. Además, la teoría de Skinner puede ser utilizada para necesidades de alta tensión en las que la urgencia no permita proceder con un sistema de desarrollo a largo plazo.

Siendo esta teoría tan directiva, es lógico que surjan problemas que habrá que tener en cuenta si deseas desarrollarla en tu equipo. Su rigidez dificulta el desarrollo creativo transversal, así como la atención a otras realidades que no formen parte de la causa-consecuencia, como el ambiente, los anhelos personales, o el emprendimiento interno. Suele provocar distancia entre compañeros, roles y posiciones jerárquicas, al ligar el reconocimiento al correcto desempeño de una función y no tanto a elementos derivados de la sociabilización o ayuda a terceros.

Por último, cabe mencionar que Skinner planeó tres metodologías del refuerzo:

Refuerzo continuo. O lo que es lo mismo, compensación constante de esfuerzos por una acción; cada vez que un acto era realizado, el sujeto inmediatamente y siempre recibió un refuerzo. Si bien este método sirve para lanzar promociones, cambios culturales o de actitud, es poco práctico para usar a medio plazo, pues se acaba atribuyendo la recompensa a la obligatoriedad, y no al esfuerzo por parte del líder o la compañía. Como ejemplo podemos marcar las recompensas económicas por consecución de un objetivo.

Refuerzo intervalo. Para esta metodología se establece un refuerzo bajo un parámetro de duración determinada, si es intervalo fijo, o alrededor de un valor promedio, si es variable. Por ejemplo, si alguien durante una semana realiza un sobreesfuerzo, se le recompensa por alcanzar los siete días (si es fijo) o, según el rendimiento, puede establecerse en ocasiones un esfuerzo a los cinco o a los ocho días (si es variable).

Refuerzo proporción. Es decir, se establece un sistema de esfuerzo que premia el número de acciones realizadas, para de este modo establecer un sistema proporcional.

USA ESTA TEORÍA CON TU EQUIPO

- Establece un sistema de meritocracia con acciones concretas y sus consecuencias, ya sean positivas o negativas. De ese modo todo el equipo sabrá a qué patrón de comportamiento deberá acogerse y el fruto de éste.

- Reúnete con tu equipo y marca las acciones positivas que destacan de la media, usando la teoría del «bolígrafo verde». Para utilizar correctamente este sistema, debes remarcar mediante el ejemplo positivo las consecuencias que una acción o procedimiento realizado con excelencia, de este modo el individuo podrá replicarlo.
- Huye de la modificación del comportamiento sólo a través del castigo o «bolígrafo rojo», ya que en ocasiones no explicar lo que debemos hacer para realizar una acción correctamente nos lleva a probar diferentes alternativas que tampoco son correctas.
- Establece una metodología de esfuerzos fijos y no te dejes llevar por afinidades personales. Aquella que elijas deberá ser la que rija para todos los miembros de la organización por igual. Ser ecuánime favorecerá el liderazgo y desterrará desmotivaciones por incertidumbres personales.
- Realiza un seguimiento establecido temporalmente para comprobar los resultados y compromisos, así como los comportamientos en los procedimientos y protocolos. Después, aplica el bolígrafo verde de nuevo.

4. TEORÍA DE LAS METAS DE LOCKE

La teoría que desarrolló Edwin Locke en su obra *Toward a theory of task motivation and incentives* (1969) opera sobre una premisa en la que cada individuo construye su meta asumiendo determinaciones cuidadosas y está comprometido a cumplir con las acciones necesarias en virtud de la meta que se ha establecido. Es decir que la motivación individual surge de la intención de consecución de un objetivo concreto y predefinido.

Locke y los profesores Steve Motowidlo y Phil Bobko encontraron que **«las altas expectativas conducen a niveles más altos de desempeño»**, algo que coincide con la teoría de expectación de Vroom, que tiene las variables de atracción e instrumentos que veremos más adelante. Pese a esto, también proclaman que cuando las expectativas son bajas pero el nivel de la meta es alto, el desempeño también puede ser alto. Por ejemplo, cuando alguien juega a la lotería para poder ganar millones de euros, sus expectativas de ganar son escasas pero llega a desembolsar un dinero que conscientemente desequilibra sus balanzas financieras. La clave, por lo tanto, se encuentra en establecer unas metas con alta relevancia e impacto.

Esta teoría estableció los estándares respecto a la fijación de metas, e incluso definió algunos moderadores para que dichos objetivos fuesen correctamente definidos. Que fuesen específicos, autoproclamados, alcanzables y retadores fueron las primeras claves que aportó Locke, para más tarde ver su evolución en manos de otros autores en los conceptos *smart*, *pure* y *clear*.

El modelo de Locke, que trataba de ligar el rendimiento operativo con la creación de objetivos concretos, se encuentra con varias limitaciones, como son:

El conflicto de la meta. Es decir, en ocasiones una persona tiene varias metas, entre las que puede existir un conflicto. Cuando esto ocurre, el rendimiento sufrirá.

SMART	PURE	CLEAR
Simple, Medible, Alcanzable, Retador y establecido en el Tiempo	Positivo, Único, Relevante y Ético	Claro, Legal, Específico, Apropiado y Retador

Las metas y los riesgos. Cuando los objetivos planteados son más complejos y sus tiempos más limitados, pueden provocar comportamientos y estrategias más arriesgadas.

Personalidad. Los valores de cada individuo definen el éxito de la estrategia hacia la meta. Debido a esto no existen dos estrategias iguales, y, a su vez, no se puede gestionar sin control directivo una motivación que derive en acciones ilícitas.

Las metas y la motivación del subconsciente. Toda persona se siente afectada por sus motivadores del subconsciente (felicidad, éxito o placer), pero aunque no se ha estudiado cómo afectan al rendimiento para alcanzar las metas, sí que está demostrado su efecto en la estrategia elegida, siendo más agresiva cuanto más exagerado es el deseo por uno de ellos.

USA ESTA TEORÍA CON TU EQUIPO

- Ayuda a tu equipo a que individualmente establezca y se comprometa con una meta concreta. Diseña un plan de acción para conseguirla, e incluso traza un listado de consecuencias ante su consecución o no.
- Crea un sistema de escalado de objetivos, con uno muy ambicioso, otro intermedio y otro denominado «de mínimos». Esto ayudará a que el equipo se posicione y adquiera el compromiso de alcanzar la cúspide.
- Establece puntos de control y seguimiento de procesos, resultados y acercamiento a la meta. Esto ayudará a reforzar, corregir o incluso desestimar estrategias para evitar riesgos, según el objetivo, el tiempo restante de ejecución y los resultados esperados.
- Identifica los procesos mecánicos que llevan a una meta concreta y establécelos como sistema, pero somételo a mejoras cada cierto tiempo.

5. TEORÍA X E Y DE MCGREGOR

Douglas McGregor describió en su libro *El lado humano de las organizaciones* (1960) los puntos de vista posibles respecto a las personas frente al trabajo, distinguiendo entre esos dos puntos de vista. McGregor, uno de los más famosos teóricos del enfoque del comportamiento en la administración, se centró en comparar estos dos procedimientos antagónicos de administrar: un estilo basado en la teoría tradicional, excesivamente ortodoxo y pragmático (teoría X), y el otro método basado en las concepciones modernas frente al comportamiento humano (teoría Y). Dicho de otro modo, el poder del sistema mecánico frente a la grandeza del desarrollo de las personas.

Teoría X
La teoría X representa un método de gestión estricto, rígido y auto-

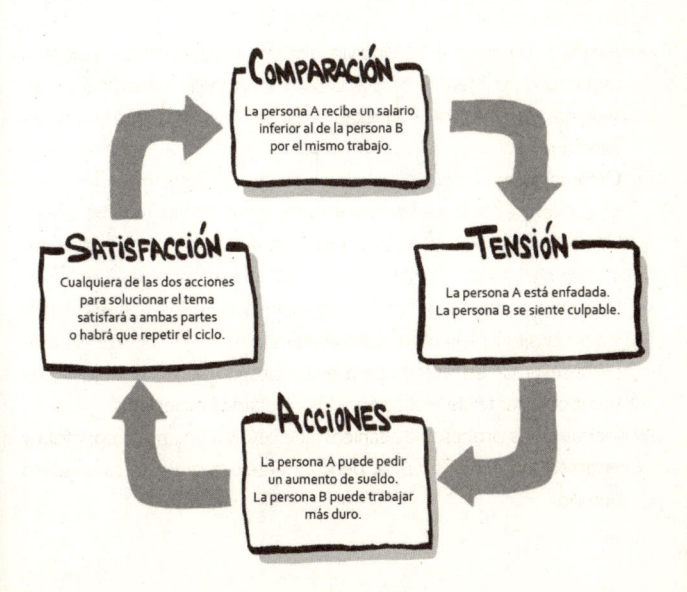

COMPARACIÓN
La persona A recibe un salario inferior al de la persona B por el mismo trabajo.

TENSIÓN
La persona A está enfadada. La persona B se siente culpable.

ACCIONES
La persona A puede pedir un aumento de sueldo. La persona B puede trabajar más duro.

SATISFACCIÓN
Cualquiera de las dos acciones para solucionar el tema satisfará a ambas partes o habrá que repetir el ciclo.

crático que considera a las **personas como simples recursos o medios de producción y se limita a hacer que éstas trabajen dentro de ciertos esquemas y estándares previamente planeados y organizados**. Es un estilo de liderazgo en el que los superiores indican a los subordinados lo que se espera de ellos, los instruyen en el desempeño de sus labores, insisten en que cumplan ciertos estándares y se cercioran de que todos sepan quién es el jefe, se cree que lo que principalmente motiva a la gente es el dinero y que el personal se muestra reticente a cooperar y posee deficientes hábitos de trabajo.

Desde la teoría X se considera que las personas son perezosas e indolentes, rehúyen el trabajo, evaden la responsabilidad para sentirse más seguras, necesitan ser controladas y dirigidas, así como asegura que son ingenuas y no poseen iniciativa.

Teoría Y

La teoría Y se fundamenta en premisas y conceptos actuales, sin prejuicios respecto a la naturaleza del trabajador. Éste es el motivo por el que la teoría Y genera un protocolo de gestión muy comunicativo y dinámico, altamente cooperativo, a través del cual administrar es el proceso de crear oportunidades, liberar potencialidades, remover obstáculos, impulsar el crecimiento intelectual y proporcionar orientación referente a los objetivos.

La teoría Y es un estilo de liderazgo en el que los líderes creen que **las personas se esfuerzan y les gusta estar ocupadas, pueden automotivarse y autodirigirse, buscan y aceptan responsabilidades y desafíos, son creativas y competentes y el trabajo es una actividad tan natural como divertirse o descansar.**

Ninguna de las teorías por sí sola funciona con un equipo de trabajo, sino que se reconocerán y ejecutarán en los individuos concretos. Cuidado con X, por su dificultad para crecer y aportar ideas, así como con Y, por su falta de rigor y exigencia.

USA ESTA TEORÍA CON TU EQUIPO

- Para aquellas personas que sean del grupo X, establece indicaciones basadas en la directriz de manera clara y explicando los pasos necesarios. Realiza un seguimiento exhaustivo y establece estándares de calidad exigida en los protocolos.
- En la teoría X cuida que el miedo y la incertidumbre no se establezcan como motor de la motivación, o el trabajador no evolucionará hacia el comportamiento Y.
- Para aquellas personas que sean del grupo Y, delega y crea grupos informativos en los que las aportaciones y la comunicación sean transversales. Indaga en aquello que motiva realmente a cada miembro a pertenecer a tu equipo e interésate por sus expectativas y aspiraciones.
- El mayor inconveniente de la teoría Y son aquellas personas que confundirán libertad y flexibilidad con un comportamiento deshonesto por falta de control. No renuncies al seguimiento o no tardarás en ver que personas de comportamiento Y acaban en el temido grupo X.

6. TEORÍA Z DE OUCHI

William Ouchi, hawaiano de ascendencia japonesa, formuló la que se denominó teoría Z (en alusión a sus precursoras teoría X y teoría Y), en la que comparaba a las empresas japonesas con las americanas. Básicamente, Ouchi juzga que existen tres tipologías de organizaciones: las denominadas A, que equiparaba a las firmas americanas; el grupo J, que hacía referencia a las empresas japonesas, y las consideradas Z, que poseen una nueva instrucción, la cultura Z. Esta nueva tipología Z estaba repleta de elementos poco aplicados en las empresas de Occidente de la época, y se fundamenta en las características comunes a las de las compañías japonesas exitosas.

La teoría Z busca **comprender al trabajador como un ser integral conformado por vida profesional y personal indivisibles.** Centrado en la excelencia de las relaciones humanas, aboga por tres criterios básicos:

Confianza: En la empresa Z se apuesta por que los trabajadores van a obrar correctamente. Es decir, se fomenta la confianza en el personal, se considera que las personas van a buscar la excelencia en los resultados y, por lo tanto, los controles no son tan exigentes. Se promueve el autocontrol entre los trabajadores.

Intimidad: La mentalidad holística de las organizaciones Z abarca al ser humano en su complejidad y no sólo lo considera como trabajador de la compañía, sino que genera una relación que también influya y mejore su vida personal. No existe la despersonalización por rangos o funciones y el autoritarismo es perseguido.

Sutileza: Los procedimientos particulares de cada relación serán adecuados al individuo y sus necesidades. Se guardará fielmente la información que en las conversaciones privadas se haya revelado y públicamente no se deberán percibir jerarquías.

Ouchi, que creía que el trabajo era parte estructural de la vida de toda persona, apostaba además por una cultura Z que invocaba ciertas condiciones especiales como el trabajo en equipo, el empleo de por vida o la toma de decisiones colectiva. Todas ellas orientadas a obtener un mayor rendimiento y así conseguir mayor productividad empresarial desde el sentido de pertenencia.

Como elemento de dificultad de esta teoría nos encontramos ante el excesivo paternalismo que, como se ha demostrado en la cultura japonesa, puede llegar a crear empresas sectarias, depresiones por la pérdida del trabajo o culpabilidad y frustración al no cumplir con los objetivos inicialmente pactados. Nada es bueno si se lleva al extremo.

USA ESTA TEORÍA CON TU EQUIPO

- Despliega un gráfico con el personal de tu equipo, sus capacidades y conocimientos y pacta un calendario formativo de manera individualizada. Busca el desarrollo de la persona y el sentimiento de pertenencia a través de la profesionalización en el puesto actual y en el deseado aspiracionalmente por cada trabajador.
- Evita la rotación de personal y sustituye este sistema por uno en el que las personas puedan cambiar de departamentos, no sólo de lugar de trabajo, o con ascensos dentro de la misma línea de negocio. Es decir, un comercial no sólo puede ser director comercial y de ahí a director de operaciones, sino que quizá esa persona pueda ascender o cambiar de puesto hacia logística, marketing o administración.
- Establece un sistema de evaluación de los trabajadores a un año vista, con objetivos pactados y en el que estén implicados tanto los superiores como las personas a cargo del interesado.
- Provoca acciones compartidas en el tiempo libre y genera una acción envolvente de cuidado y respeto en el que se puedan establecer relaciones personales entre familias.

7. TEORÍA DE LA EQUIDAD DE ADAMS

La teoría que Stacy Adams reflejó en su libro *La inequidad en el intercambio social* (1965) afirmaba que **las personas se sienten motivadas hacia la acción cuando observan que son tratadas de un modo no equitativo o injusto.** Este planteamiento, que argumenta que cuanto mayor es el sentimiento de desigualdad, más fuerte es la motivación de actuar debido a la tensión producida, explicaría los movimientos reaccionarios, de indignación ciudadana o revolucionarios, así como las huelgas o la competencia interna.

La teoría de Adams revoluciona el plano teórico al entender que la comparación subjetiva que un trabajador realice de su entorno y compañeros provocará una reacción que debe ser atendida por la organización.

Si en el esquema ambas personas, o ninguna de ellas, consiguen sus aspiraciones, se trasladará el foco de tensión hasta una situación de punto muerto. El tiempo en esta situación provocará frustración pero, a su vez, rebajará la capacidad de motivación dirigida a la acción. Por ejemplo, cuando alguien realiza una lucha por un aumento salarial para igualarse a los compañeros realizando un sobreesfuerzo, y a lo largo del tiempo no consigue sus resultados, bajará su rendimiento de manera consciente u optará por abandonar la compañía.

Por otro lado, mediante la siguiente fórmula podemos vislumbrar más fácilmente la teoría de Adams, y entender como «aportaciones» elementos tales como tiempo, educación, experiencia, esfuerzo, lealtad, trabajo duro, compromiso, capacidad de adaptación, flexibilidad, tolerancia, determinación, entusiasmo, sacrificio personal, confianza en superiores, apoyo de compañeros y colegas o habilidad. Como «recompensas» atenderemos a conceptos como seguridad en el empleo, salario, beneficio del empleado, gastos, reconocimiento, reputación, responsabilidad, sentido de logro, alabanza, agradecimiento o estímulos positivos.

Es menester de este libro, y así lo hemos venido haciendo en las

7. TEORÍA DE LA EQUIDAD DE ADAMS

teorías anteriores, marcar aquellos errores o contrariedades que las teorías aportan. Pues bien, en la teoría de Adams encontramos una de difícil superación: las percepciones de equidad son subjetivas cuando se entra en matices de elementos no comparativos. Es decir, si por las mismas horas de trabajo comparas sueldos, podría parecer justo, pero si a esa ecuación le añades la productividad o incluso la calidad del trabajo, la subjetividad hará su aparición y con ella el conflicto.

$$\frac{\text{Mi APORTACIÓN}}{\text{Mi RECOMPENSA}} = \frac{\text{LA APORTACIÓN DEL "OTRO"}}{\text{LA RECOMPENSA DEL "OTRO"}}$$

USA ESTA TEORÍA CON TU EQUIPO

- Identifica en tu equipo actitudes de insatisfacción, ya sean por conducta pasiva o agresiva, y acepta que cualquier sensación de de-

sigualdad comienza en una percepción de injusticia. Habitualmente este sentimiento estará provocado por emociones y en extraña ocasión por hechos sólidos.
- Reúnete con las personas aparentemente agraviadas y dirige la conversación con preguntas abiertas tipo: «¿Podrías explicarme elementos concretos que expliquen ese sentimiento de injusticia?», o «¿Qué consideras que debería hacer la compañía para sentirte tratado en igualdad de condiciones?». Esta conversación desvelará y matizará el escenario real de las percepciones del trabajador y desde ellas podrás actuar.
- Contraargumenta aquello que creas oportuno, pero no debatas. Si descubres desigualdad, soluciónala. Si es sólo un muestrario de creencias, desmóntalas y pide un compromiso, tendiendo la mano a futuras conversaciones.
- No dejes que las personas en fase de tensión se perpetúen en esa posición, o estarás creando un gueto de insatisfacción que se traducirá en un personal hostil y tóxico.

8. TEORÍA DE LAS NECESIDADES ADQUIRIDAS DE MCCLELLAND

Recuperando la estela de las teorías de necesidades como las de Maslow o Alderfer, el psicólogo neoyorquino David McClelland propuso una hipótesis en la que explicaba que **las personas se motivaban por alguna de las tres necesidades adquiridas desde la infancia: logro, poder o afiliación.** Teniendo este principio en cuenta, y aunque todo individuo se ve promovido por las tres, los resultados y la eficiencia estarán influidos por aquella que predomine.

Las personas con necesidad de logro son aquellas que buscan la excelencia y la realización personal. Sienten más deseo por el cumplimiento de sus metas que por la recompensa que podría venir de ellas, como podrían ser el dinero o la fama. Se les puede motivar con tareas desafiantes y objetivos claros y retadores, siempre y cuando se les dé un *feedback* continuo y el reconocimiento oportuno. Esta tipología de personas puede tener problemas con otros compañeros debido a su individualismo y exigencia, sin embargo, suelen trabajar de manera eficaz con otros que requieran satisfacer la necesidad de logro.

Las personas con necesidad de poder tienen un fuerte deseo de influencia sobre los demás y desean estar al mando en cualquier situación, tengan las capacidades requeridas o no. Desean controlar los procesos, dirigir equipos de mayor número de personas y establecer jerarquías verticales. Se les puede motivar otorgándoles cuotas de liderazgo proporcionales a sus capacidades, dejándoles planear, o pidiendo su opinión antes de una toma de decisiones. Estas personas suelen ser buenos líderes si centran sus objetivos en la consecución de resultados conjuntos, pero generan conflictos si centran su energía en los procedimientos y el cumplimiento de las normas.

Las personas con necesidad de afiliación son personas con un fuerte deseo de aprobación social, pertenencia a un equipo y ser aceptadas. Suelen ser personas fundamentales en las organizaciones debido a sus buenos contactos y su mucha información adquirida, pero no

LOGRO

AFILIACIÓN

PODER

suelen ser grandes líderes debido a que las decisiones competitivas o de riesgo para otras personas les hacen sufrir. Para motivarles lo ideal es dejarles que trabajen en equipo, o en funciones que necesariamente pasen por las relaciones con otras personas o departamentos. Eso sí, observa que en tu equipo no tengas una ONG con patas, porque acabarán asumiendo carga de trabajo de compañeros, resolviendo los problemas de terceros y dedicando su energía a los demás.

USA ESTA TEORÍA CON TU EQUIPO

- Disecciona tu equipo y engloba a sus miembros en cada uno de los tres apartados. Seguramente tú sabes a qué grupo pertenece cada uno, pero por si tienes dudas, pregúntales: «¿Si fueses el dueño de la compañía, por qué te gustaría ser recordado?». Evidentemente una única pregunta no te dará la verdad absoluta, pero te pondrá sobre el camino al escuchar respuestas que estén referidas al producto (logro), a la posición del mercado (poder) o al equipo (afiliación). Desde aquí, mantén una reunión amigable para certificar finalmente el resultado.
- Para quienes necesitan satisfacer el logro, aporta retos personales con escalado de riesgo. Esto es, plantea un objetivo con reto, riesgo y recompensa intermedios y otro con los tres elementos de perfil elevado. Da *feedback* y reconoce los avances, o ayuda a trazar un nuevo rumbo si ves que en su exigencia comienza a frustrarse o a sobrecargar a compañeros pertenecientes a los grupos de poder o afiliación.
- Respecto a las personas del apartado de poder, y como suelen ser personas con alto grado de compromiso, fieles a la compañía y sus valores, podrán gestionar mejor si tienen un reducido seguimiento de resultados. Ahora bien, traza un seguimiento respecto a su gestión de las relaciones e incluso de los procedimientos para el logro, así como asígnales proyectos concretos con recursos limitados a esa acción.

- Los individuos con necesidad de afiliación son algo que hay que valorar positivamente, ya que la importancia de su aprobación social les podrá hacer rendir más para dar resultados e incluso dirigir con eficacia sesiones de coordinación, mediación o clima laboral. El seguimiento a éstos estará centrado en las cesiones que lleguen a hacer para evitar el conflicto y se alejen de la exigencia o calidad requeridas.

9. TEORÍA DE LOS TRES ELEMENTOS DE PINK

Llegados a este punto de las teorías de motivación, es bueno comentar a Daniel Pink. Este autor de bestseller estadounidense, que fue redactor de discursos para el vicepresidente Al Gore, se ha especializado los últimos años en reencuadrar y cambiar los paradigmas del sistema de trabajo, dirección y motivación de personas. Sus planteamientos son una auténtica revolución, avalados por estudios del MIT de Estados Unidos, así como por psicólogos como Derci y Harlow, y tiene una clara tendencia al humanismo con una premisa evidente: la motivación es intrínseca, y entre lo que la ciencia dice y lo que las empresas hacen hay una brecha enorme.

En su libro *Drive: The surprising truth about what motivates us* (2009), expone que existen tres fases de motivación:

En una inicial, o 1.0, se trabaja para cubrir las necesidades básicas. Por lo que cuando los trabajadores evolucionan, ésta pasa a un segundo plano. El líder u organización puede exigir mucho ofreciendo realmente poco, ya que por encima del sentimiento de equidad de Adams, prima la cobertura de elementos esenciales.

La segunda fase, o 2.0, se basa en las aportaciones extrínsecas al trabajador que recibe recompensas por su trabajo. Pink vincula este período con la zanahoria y el palo como lo más representativo, y es la más extendida en el mundo de las organizaciones. El problema generado por esta metodología es que la consecuencia siempre debe ir en ascenso, lo que provoca insostenibilidad económica o desarraigo y frustración.

La fase de nuevo liderazgo, o 3.0, representa un nuevo enfoque. Las recompensas ligadas al resultado en el trabajo pierden valor y, por lo tanto, se precisa un nuevo método para motivar a los trabajadores. Si bien es útil para todo el mundo, está especialmente dirigida a trabajadores que realicen actividades creativas, de desarrollo o conceptuales. Así pues, **con este enunciado promulga el nacimiento de** un nuevo tipo de gestión de la motivación que, según Pink, se basa en tres principios:

> *Autonomía:* Un trabajador debe sentir suficiente autonomía para poder decidir sus propias determinaciones, y decidir la orientación de su trabajo y de su carrera profesional, dentro de unos parámetros.
>
> *Maestría:* Toda persona siente como factor fundamental de motivación el ser cada vez mejor en lo que hace. Yendo incluso más allá, y no aspirar exclusivamente para estar motivado a la maestría, sino al reconocimiento de esa maestría por parte de su sector y de otros compañeros.
>
> *Propósito:* Cada individuo se sentirá motivado si conoce algo tan simple e importante como el fin último que su trabajo proporciona. Es fundamental hacer partícipe de esa visión final de resultado o legado vinculado a la calidad del trabajo desempeñado.

Evidentemente, y como no podía ser de otra manera, también esta teoría presenta carencias, y es que tanto en trabajos monótonos como en perfiles muy básicos que se acercan a la fase 1.0, la motivación intrínseca que propone Pink pierde validez. A su vez, otro de los problemas habituales de la teoría de los tres elementos es que la incorporación de este sistema en empresas jerarquizadas obliga a un proceso de cambio cultural que no todo el mundo tendrá paciencia para su implementación completa, y achacarán el fracaso al modelo y no al boicot interno.

USA ESTA TEORÍA CON TU EQUIPO

- Otorga a tu equipo el poder de decidir libremente qué hacer con su tiempo explicando los resultados deseados y los niveles de calidad y exigencia requeridos.
- Planifica jornadas de trabajo libre en las que el trabajador pueda crear todo aquello que desee. Eso sí, debe presentarlo y defenderlo ante el resto de tu equipo al día siguiente.
- Extiende un sistema de formación por el que cada persona identi-

fique un itinerario propio y que sea abierto, incluyendo temáticas profesionales y de desarrollo personal.
- Ofrece a tus trabajadores la posibilidad de proyectar sus trabajos a los medios y a la competencia, ya sea a través de la web, del periódico interno o medios externos, y honra su trabajo públicamente.
- Haz partícipe a cada trabajador del resultado final de su trabajo y de sus repercusiones. Por ejemplo, incluso un vendedor de pizzas se sentirá más motivado si entiende que su producto reúne a las familias o amigos creando un momento único.

10. TEORÍA DEL TALENTO DE CUBEIRO

Es el experto en management español Juan Carlos Cubeiro quien, en su obra *Del capitalismo al talentismo* (2014), enuncia que estamos en una nueva era en la que el talento es más escaso, y más valioso, que el capital. Siendo el talento la acción de poner en valor lo que sabemos, podemos y queremos hacer, el compromiso basado en actitud y aptitud, y la energía que le ponemos a las acciones derivadas de dicho elemento.

Existen tres elementos básicos para entender el talento como pieza fundamental de la motivación: su capacidad de transformar conocimientos en comportamientos, su necesidad de un contexto apropiado y la flexibilidad para modificar el enfoque hacia lo que nos genera valor, talento y placer. El talento que no se aprecia, se deprecia.

Cubeiro encuentra en el talento la clave para la motivación, y comienza un itinerario que nos permite reflexionar acerca de éste y utilizarlo como palanca emprendedora de acciones:

1. **¿Qué es lo que te gusta?** Sirve para identificar dónde está el disfrute, la vocación. O, dicho de otra manera, identificar qué es lo que verdaderamente nos provoca satisfacción en la ejecución.
2. **Poner en valor lo que se hace.** El talento tiene que ver con el marketing en tanto en cuanto utilicemos el término como salir al mercado, encontrar un público aliado, una tribu, una conversación y un *feedback* que me ayude a mejorar.
3. **Formar un equipo.** La unidad mínima del liderazgo es el tándem, por lo que debemos asegurarnos de que nuestro talento hacia la motivación encuentre siempre un equipo con el que compartir objetivo y podamos fluir de ese tándem inicial a una medida ideal de cinco miembros.

Dicho esto y teniendo en cuenta, por lo tanto, que **el talento es la capacidad por compromiso en el contexto adecuado, en la moti-**

vación deberemos utilizar el talento como el estímulo en el que sentimos diversión, dedicación, pasión y determinación. Es verdaderamente importante dedicar tiempo y energía para que nuestro talento nos genere, a su vez, tiempo y energía.

USA ESTA TEORÍA CON TU EQUIPO

- Crea un sistema de empleabilidad; es decir, ocúpate de que la persona de tu equipo valga más cuando salga de él que cuando entró.
- Educa a cada persona y recuerda que la inversión más rentable es la formación, ya que como demostró el premio Nobel James Heckman, por cada dólar que se aporta para este campo nos son devueltos 17 dólares.
- Ayuda a elevar las capacidades a la altura del reto concreto y pon el proyecto por encima del empleo.
- Fortalece las bases del equipo mediante la conversación, estimulando las aportaciones transversales y genera sinergias.
- Potencia el contexto a través de una cultura que desarrolle la cultura, el clima laboral, la compensación no retributiva y la cooperación entre personas y departamentos.
- Lidera la arquitectura de la felicidad educando en la actitud positiva, la adaptación al cambio, el agradecimiento, la amabilidad, el cultivo del optimismo inteligente, la evitación de la comparación social, el cuidado de las relaciones y el del cuerpo y la mente.

11. TEORÍA DE LOS DOS FACTORES DE HERZBERG

A finales de los sesenta, Frederick Herzberg publicó una de las obras de mayor difusión sobre la motivación que ha llegado hasta nuestros días, *Una vez más cómo: Cómo motivar a los trabajadores*, Deusto, 1977. La teoría de la motivación-higiene, conocida habitualmente como la teoría de los dos factores, propone que **los elementos que provocan insatisfacción en los equipos son de naturaleza radicalmente dispar a los elementos que generan satisfacción.** Herzberg parte de que cada persona tiene un doble sistema de necesidades: la de eludir el sufrimiento o las situaciones dolorosas y la del crecimiento emocional e intelectual. Al ser cualitativamente dispares, cada tipología de necesidad, en el mundo laboral, requiere de incentivos diferentes. Por eso se puede hablar de dos tipos de factores que intervienen en la motivación en el trabajo.

Formuló la teoría de los dos factores para explicar mejor el comportamiento de las personas en el trabajo y plantea la existencia de dos factores que orientan sus comportamientos.

Factores higiénicos

La insatisfacción es fundamentalmente la consecuencia de los factores de higiene. Si estos factores son inexistentes o inadecuados, provocan insatisfacción, pero su presencia tiene muy poco efecto en la satisfacción a largo plazo. Elementos como el sueldo, la política de empresa, el ambiente físico, la supervisión, la seguridad laboral, el crecimiento, la madurez o las relaciones con los compañeros son los factores de higiene mencionados por esta teoría.

Factores de motivación

La satisfacción es básicamente el resultado de los factores de motivación. Estos factores ayudan a aumentar la satisfacción del individuo, y con ello su motivación, pero tienen poco efecto sobre la insatisfac-

INDIVIDUO-PERSONA

Cada persona tiene doble sistema de necesidades

Crecimiento emocional →

Eludir el dolor →

SENTIMIENTOS MUY NEGATIVOS (−)

NEUTRO CERO

SENTIMIENTOS MUY POSITIVOS (+)

(Ausencia) Factores de mantenimiento (Presencia)

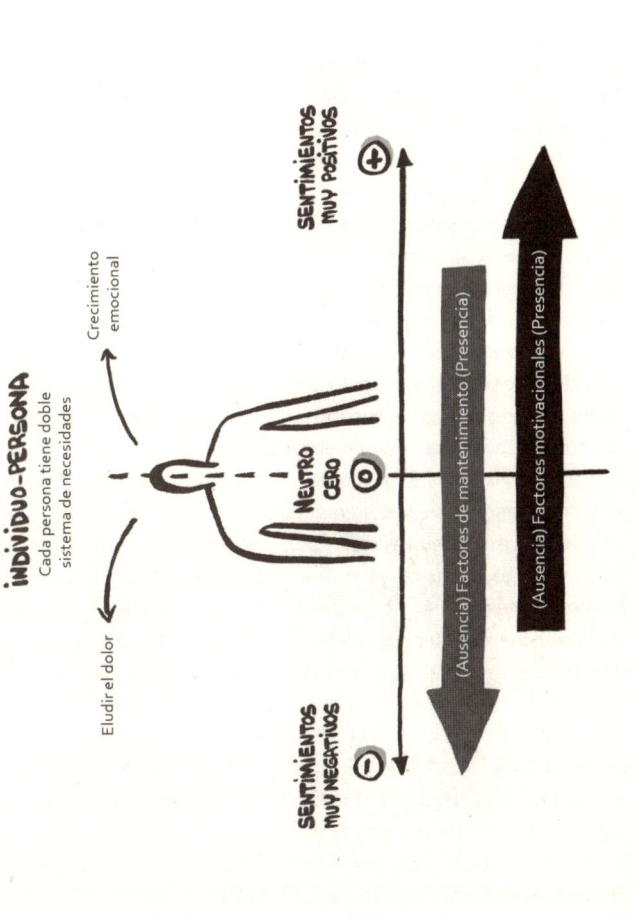

(Ausencia) Factores motivacionales (Presencia)

ción. Denominados así, Herzberg mencionaba como factores de motivación principales los logros y el reconocimiento, así como la independencia y la responsabilidad, la promoción o el crecimiento.

Además, Herzberg denominaba con el concepto KITA, abreviatura de «*kicks in the ass*», o «patada en el trasero», aquellas metodologías ineficaces que los gestores de equipos implantan para motivar a sus trabajadores. Si te planteas motivar mediante las KITA, debes tener en cuenta lo siguiente:

KITA física negativa. Es la aplicación literal del término. Puede ser física o emocional a través de una reprimenda pública. No es recomendable debido a sus tres grandes inconvenientes: no es elegante, contradice la imagen de benevolencia que cultivan muchas empresas y el empleado puede devolver la patada. Literalmente.

KITA psicológica negativa. Que consiste en la manipulación psicológica y el juego emocional negativo. Tampoco es muy recomendable porque conlleva grandes inconvenientes: no es ético, frustra a los trabajadores y los lleva a depresiones o estados de desesperación de los que difícilmente saldrá alguien motivado.

KITA positiva. Basadas en los bonus, aumentos de sueldo y beneficios. Aunque aparentemente sean positivas y bastante extendidas, tampoco son recomendables por el autor, debido a sus correspondientes inconvenientes: son cortoplacistas, podrían provocar escenarios financieros insostenibles y basan todo su poder en el resultado y no en la calidad o en los procesos.

USA ESTA TEORÍA CON TU EQUIPO

- Redistribuye las tareas del equipo con el fin de que provoquen mayor interés. Trabaja individualmente para remarcar la importancia de cada acción en el resultado global de la organización.
- Mejora la formación respectiva a la calidad del trabajo y delega la autonomía necesaria para que lo consigan en ellos. Realizando esta

acción, los trabajadores entenderán que tienen la responsabilidad de ejecutarlo correctamente y no que lo hacen simplemente para el jefe.
- A pesar de que el sueldo y las condiciones no son factores de motivación, revísalos detalladamente para que no estén por debajo del umbral permisible, ya que pueden transformarse en grandes generadores de insatisfacción.
- Mantén una buena política de comunicación, agradecimientos y celebraciones de los éxitos conseguidos por el equipo.
- No tengas miedo a utilizar las KITA negativas en momentos puntuales o con personas que están bloqueadas en actitudes destructivas o tóxicas para ti, el equipo o la organización. A veces una reacción negativa puede ser el motivador con el que pretenden «darnos una lección» y «demostrarnos quienes son».

12. TEORÍA DE LA GENEROSIDAD DE GRANT

En más de seis décadas, las teorías empresariales han puesto el foco en razonar sobre cuáles son y cómo funcionan los condicionantes personales del éxito: la entrega, el esfuerzo, el talento, la pasión o incluso la suerte. Por lo que todos los sistemas de trabajo en equipo se han sistematizado bajo estas premisas. La meritocracia y la cultura del sacrificio se han erigido como elementos clave en el triunfo, no sólo en la vida profesional, sino también en la privada.

La teoría de Adam Grant parte de que el éxito en nuestros días sólo puede crearse gracias a la colaboración colectiva, y depende fundamentalmente de la manera en que interactuemos con las personas que nos rodean. Grant postula que **existen tres tipologías de personas en función de la forma en que se relacionan profesionalmente:** *takers* **(que toman),** *matchers* **(que dan en función de lo que toman) y** *givers* **(que dan):**

Takers. Suelen esforzarse por aprovechar al máximo el rendimiento o trabajo de los demás, buscan no dar nada a cambio o salen siempre ganando del intercambio.

Matchers. Son personas que muestran su generosidad con quienes son generosos con ellos. Su postura de negociación es equilibrada y buscan la equidad.

Givers. Son quienes ayudan a los demás sin esperar nada a cambio. Es un perfil difícil de encontrar en nuestra sociedad, ya que suelen ofrecer por el mero hecho de hacerlo.

Grant afirmaba que estos perfiles impactan decisivamente sobre el éxito de la compañía o equipo. A diferencia de lo que podría aparentar en una primera observación, y aunque es real que algunos terminan explotados o quemados, son los *givers* los que alcanzan cotas de éxito más elevadas. Su desarrollo profesional suele ser más gradual, pero es notablemente más sólido que el de los *takers*, a quienes, antes o después, les supera su egoísmo.

Un líder *giver* utilizará su posición para ser aún más generoso y ayudar a terceros a alcanzar sus metas y propósitos. Grant en su página virtual ha explicado en varias ocasiones que cada día es mayor el número de psicólogos que consideran que el poder no corrompe, sino que potencia la decencia o indecencia de cada individuo. Por el contrario, apuntala los buenos valores de las personas que previamente tenían arraigadas convicciones éticas. Un líder *taker* será aún más egoísta cuanto más poder tenga, por lo que Grant asegura que los grandes líderes, aquellos que revolucionan las organizaciones, son siempre *givers*.

USA ESTA TEORÍA CON TU EQUIPO

- Genera un compromiso analizando aquellos elementos que les son necesarios a tu equipo, desde recursos a mensajes, y adopta una actitud generosa cumpliendo los máximos posibles.
- Identifica a los *takers* de tu equipo y liga sus resultados a la colaboración equitativa. Y, a su vez, úsalos para acciones de resultados más agresivos o cortoplacistas. Ellos encontrarán el camino.
- A los *matchers* refuérzales tras las reuniones mostrando lo que han ganado ellos y generando un mensaje de equidad real. Agradece su generosidad y los esfuerzos que ellos también están dispuestos a hacer.
- Si tienes la suerte de tener *givers* en tu equipo, cuídalos, pero observa que no se estén aprovechando de ellos o cediendo su energía a terceros. Ellos no serán conscientes hasta que sea demasiado tarde. Si no tienes, busca personas así para tu equipo.
- Haz todo lo posible por convertirte en un *giver*, incluso transforma a tu departamento en esta filosofía *matcher* y verás cómo tu posición y la de tu departamento es cada vez mejor valorada. Esto repercutirá en la motivación de las personas que lo forman.

13. TEORÍA DEL OK CORRAL DE ERNST

Franklyn Ernst aunó dos elementos en su teoría de la motivación: sentimientos y conducta. Este genealogista sugirió que **la forma en que nos comportamos tiene una raíz en el sentimiento que vivimos respecto a la acción.** De tal manera, y creando un único elemento visual, trazó un diagrama como representación de su teoría. En él se marcaba mi sensación respecto a los demás o a la acción (OK contigo), así como mis sentimientos respecto a la acción o a la persona (OK conmigo).

Las características de los cuatro cuadrantes quedarían así:

	OK CONMIGO	
NO OK CONTIGO	**OK CONMIGO NO OK CONTIGO** POSICIÓN DE FRUSTRACIÓN Alinea tus objetivos con sus capacidades	**OK CONMIGO OK CONTIGO** POSICIÓN DE FELICIDAD Protege y alimenta este equilibrio	**OK CONTIGO**
	NO OK CONMIGO NO OK CONTIGO POSICIÓN DE MALESTAR Desbloquea la situación buscando un cambio	**NO OK CONMIGO OK CONTIGO** POSICIÓN DE SUMISIÓN Lucha por tus necesidades y equidad	
	NO OK CONMIGO	

Estoy OK conmigo - No estoy OK contigo. Este escenario suele albergar rabia y enfado. Alguien puede intentar pasar por encima de la otra persona. Esta situación puede ser creadora de irritación, por ejemplo, al tener en tu equipo a alguien de quien no puedes prescindir pero con el que no existe confianza o *feeling*.

No estoy OK conmigo - Estoy OK contigo. Este cuadrante representa al miedo, la sumisión e incluso a la frustración. También puede ser un instante de apuesta momentánea en la búsqueda de un escenario mejor.

Estoy OK conmigo - Estoy OK contigo. Escenario de felicidad, equidad y cuidado. Suele ser necesario para relaciones constructivas y cooperativas a largo plazo. Eso sí, hay que proteger y alimentar este equilibrio.

No estoy OK conmigo - No estoy OK contigo. Cuadrante lleno de odio, ira y malestar. La desconfianza es la directora de las acciones. Como trabajo en equipo, este cuadrante suele ser destructivo y hostil, salvo para personas con tendencias masoquistas.

Ernst defendía que su sencillo gráfico facilitaba los cambios de paradigmas y creencias, pasando de situaciones de bloqueo a identificar el sentimiento que lo provoca y, desde ahí, sustituirlo por elementos constructivos buscando el escenario idílico.

USA ESTA TEORÍA CON TU EQUIPO

- Siéntate delante de un folio y analiza dónde te encuentras de cara a los miembros de tu equipo y las acciones que te ves obligado a hacer.
- Si no estás OK con la otra persona o con la acción, necesitas cambiar la perspectiva. Identifica qué te hace sentirte así, ya que habitualmente no suelen ser motivos laborales. Miedos, celos, desprecios, sentimiento de injusticia o de que esa persona no te valora, cualquiera puede ser el indicador que provoque esta situación. Como primer paso, acepta a la otra persona por lo que es, sustituye los pensamientos negativos y procede a buscar puntos de unión.

- Aprovecha para preguntar a tus equipos por aquello con lo que se sentirían mejor consigo mismos. Desde acciones, tareas o incluso personas con las que colaborar.
- Si no te sientes OK contigo mismo, debes aceptar tus imperfecciones, revisar el dolor que te provoca la otra persona o acción y trabajar en la valoración de ti mismo. Como te hables a ti mismo te hablarán los demás.
- Una vez que encuentres situaciones de doble OK, realiza seguimiento y reuniones que favorezcan el entendimiento y su perdurabilidad.

14. TEORÍA DE LAS EXPECTATIVAS DE VROOM

Victor Vroom, con nombre de un villano de cómic, profesor de la escuela de dirección de Yale, escribió el libro *Work and Motivation, Leadership and Decision Making* (1973), una teoría que sugería que **una persona actuará de una manera concreta según la expectativa, o creencia, de que tras una acción completada llegará una recompensa.** Es decir, a tanto aspiras, tanto te motivas.

La teoría de las expectativas, que es en nuestros días una de las más utilizadas, fue expresada en términos de fórmula matemática, postulando que la Motivación = Valencia x Expectativas x Instrumentalidad. Teniendo en cuenta esto, si cualquiera de los tres conceptos fuese nulo, la motivación sería inexistente:

$$M = V \times E \times I$$

Valencia. Mide el valor que una persona otorga a una determinada recompensa que puede ser extrínseca (salario, ascenso o tiempo libre) o intrínseca (sensación de logro, satisfacción o felicidad).

Expectativas. Mide la confianza que tiene depositada la persona en ser capaz de conseguir los resultados esperados. Es una medida puramente subjetiva de una creencia individual de sí mismo.

Instrumentalidad. Mide hasta qué punto un individuo cree que su empresa o superior le dará las recompensas prometidas.

Sin ninguna duda, Vroom acierta con el foco de los tres elementos fundamentales de la motivación, sin embargo, su teorema no puede medirse como él propone con una puntuación concreta, sino más bien con una reflexión. Es decir, la teoría de Vroom se basa en elementos subjetivos, y si bien su medición nunca podrá ser numérica, sí que nos permitirá tener un foco conversacional respecto a los sentimientos propios y de nuestros equipos referente a estos tres elementos. Así como hacernos algunas preguntas clave como si hemos roto alguna vez nuestra promesa, si somos capaces de generar ilusión y expectativa e incluso si les damos valor a las personas de nuestro equipo.

Por otro lado, Vroom bebe de la teoría de metas de Locke al acotar su fórmula a la acción directa de nuestras acciones en referencia a un objetivo concreto. De Skinner le sirve la posibilidad del refuerzo para aumentar la creencia en sus capacidades para la generación de esas expectativas. Por último, menciona a Adams al tratar la equidad entre el compromiso por su parte y la respuesta de la compañía como elemento esencial de la instrumentalidad.

USA ESTA TEORÍA CON TU EQUIPO

- Averigua qué responderían los miembros de tu equipo a la pregunta: «¿Qué sería para ti una justa recompensa por este trabajo?». Te sorprenderá cómo aparecen X, Y, *givers*, *takers*, personas de la pirámide baja, personas del OK corral... Y si no los sabes identificar aún, vuelve a comenzar este libro.
- Analiza si dentro de las recompensas tu equipo se mueve más en los factores de higiene o de motivación de Herzberg; si lo hacen alrededor del esfuerzo y los resultados, anima y recompensa el esfuerzo dando acceso a los recursos para alcanzar sus metas, como dijo Locke.
- Certifica que hay valor positivo en los tres factores de la fórmula y piensa que seguramente has fallado anteriormente al no cumplir

una promesa. Ése será el punto fundamental para comenzar: resarcir el daño anterior.

- Una fórmula fácil de comenzar a trabajar es decir a cada individuo por separado que valore del 0 al 10 la valencia, expectativa e instrumentalidad de la tarea encomendada. Es totalmente subjetivo, pero con una nota máxima de 1.000 (M=10x10x10) pregunta ante una posible cifra de 240 (M=8x6x5): «¿Qué acciones concretas necesitarías para subir al 400?». En su respuesta encontraremos el camino hacia su motivación.

15. TEORÍA DEL ANÁLISIS TRANSACCIONAL DE BERNE

Eric Berne, médico psiquiatra y padre de la escuela transaccional, publicó en su libro *Juegos en que participamos*, RBA Libros, 2007 una metodología de motivación basada en la capacidad discursiva del líder. La teoría del análisis transaccional cataloga el estado mental de cada persona cuando emite o recibe un determinado mensaje. Así pues, **el estilo de comunicación que utilice un responsable con su equipo influye de manera drástica sobre cómo reciben, interpretan y desarrollan dicho mensaje.**

PADRE		Valores morales, la tradición la autoridad
ADULTO		Equilibrio, la madurez, la sensatez
NIÑO		Emociones, nuestra capacidad de jugar, de divertirse

Berne, que explicó esto con una serie de juegos (y no se complicó mucho la vida llamando a esto teoría de juegos), propugnó que cada individuo tiene dentro de sí un equilibrio de tres roles o patrones: el padre, el niño y el adulto (PAN). Eso sí, siempre hay uno que toma el control y marca una conversación, respuesta o acto. Por cierto, Berne habló del rol de padre y así lo escribiré yo en este libro, pero, obviamente, también hace referencia a las madres. Supongo que decir que toda mujer tiene un MAN dentro no es apropiado... En fin, continúo.

Todos tenemos un poco de todos, pero Berne resumió una serie de características dependiendo de los distintos «estados del yo». Sus conclusiones, muy útiles para negociar, mediar o resolver conflictos en un proceso de motivación, fueron las siguientes:

Rol de padre. Es una situación en la que se actúa, reflexiona o comunica siguiendo las premisas aprendidas de figuras autoritarias importantes en la niñez. Se habla de lo que es correcto e incorrecto, de forma de vida, de qué se debe sentir o, por supuesto, de cómo se debe actuar siguiendo una tradición o creencia absoluta.

Según la referencia de padre interior que el emisor del mensaje tenga, ese rol podría ejecutarlo como crítico, mostrando un padre recto, poco adaptativo, autoritario, enojado, duro o culpabilizador. O bien si ha tenido una referencia paterna nutritiva, cuando estemos en el estado se comportará de forma flexible, halagadora, colaborativa o aportando refuerzo positivo.

Rol de adulto. Es el estado más maduro y sensato. Un rol desde el que se examina la información, se organiza y se decide lo que se cree más correcto, sin influencia de las emociones ni las normas. Se centra en «lo que se debe hacer» y no en «lo que se desea hacer», por lo que debería ser el rol idóneo para que cualquier conversación tenga fluidez y sea positiva.

La persona que comunica desde el rol de adulto piensa y razona de forma empática, flexible, humana, respetuosa, sincera y realista. Teóricamente es el estado más eficaz y eficiente, porque se basa en la lógica sin dejar que las emociones enturbien el pensamiento inteligente. Ahora bien, como bien has leído, es sólo en la teoría y luego verás por qué.

Rol de niño. Es un estado dominado claramente por los deseos, impulsos, instintos, ingenuidad, creatividad e ilusión. Es un rol de espontaneidad e impulsos naturales. Ahora bien, como todos los niños, si tu rol está dañado, mostrará una vertiente insegura, vergonzosa, atemorizada, cruel, egoísta.

Comunicar y motivar desde el niño no sólo no es perjudicial, salvo en los escenarios que explicaré a continuación, sino que reprimirlo traerá consecuencias negativas de pérdida de ilusión, desmotivación y tristeza sistémica.

Berne afirmaba que cuando ambos interlocutores hablan desde el padre, es habitual que existan fricciones cuando uno de los dos intenta imponer unas reglas o forma de trabajar. Si ambos muestran el rol de niño, se divertirán y lo pasarán genial, pero seguramente ni llegarán al resultado ni respetarán los protocolos. Debido a esto, de cara a la motivación, a veces interesa un rol cruzado de padre-niño para que no se pierdan ni razón, ni emoción. Cuando ambos hablan desde adultos, las cosas suelen funcionar y se llega a plazos en fondo y forma, pero, entonces, ¿dónde está el problema? Pues que lo peor para la motivación es el aburrimiento, y el rol adulto es tremendamente aburrido. El niño te salva esa situación, pero necesitará un padre, y ahí de nuevo estamos en el conflicto del análisis transaccional de Berne.

USA ESTA TEORÍA CON TU EQUIPO

- Identifica cuál es tu estado habitual en tu trabajo y el de tu equipo. Si tienes dudas, pregúntales sobre las tareas que piensan hacer en el día. El padre te hablará desde las normas y lo que se espera de ellos, el adulto justificará lo que sería correcto hacer aunque eso conlleve no hacer algo pendiente, y el niño o planteará algo emocional o sencillamente te dirá: «No sé, ¿qué quieres que haga?».
- Para fortalecer al adulto, acostúmbrate a utilizar preguntas tipo: «¿Qué podemos hacer al respecto?», «¿Cómo planteas que superemos ese obstáculo?», «¿Qué sugieres para avanzar?». No sólo te proyectarás como adulto, sino que provocarás que el resto lo haga también.
- Saca de vez en cuando a los niños a pasear y disfruta de ellos ofreciendo tiempo libre, sesiones de *brainstorming*, puzles o juegos.
- De vez en cuando reúne a los padres para trazar las normas, a los

niños para ponerlas a prueba y a los adultos para flexibilizar el equipo y adaptarlo a un concepto más motivador.
- Nunca olvides que a los padres se les motiva con objetivos y tradición, a los adultos con éxitos y flexibilidad y a los niños con diversión y emociones. Ésa será la clave que siempre debe reinar tu comunicación, nutrir a cada rol con el alimento oportuno.

16. TEORÍA DE LA DETERMINACIÓN DE JERICÓ

Pilar Jericó en su libro *No miedo* (2006) analiza el miedo como la otra cara de la moneda de la motivación. Ésta es una emoción poderosa e innata en todos los mamíferos, aunque varía con la edad, con la cultura y con la motivación personal. Jericó distingue dos tipos de miedos: el sano, que nos hace ser prudentes; y el tóxico, que es el que paraliza nuestra motivación y nuestro talento. Los miedos en el mundo laboral pueden ser de diferente tipo. La clasificación que propone se apoya en la propuesta de motivación de McClelland (logro, afiliación y poder), y con ello diferencia los cinco miedos que podemos tener las personas:

1. Miedo a la no supervivencia: Donde se encuentran el miedo a no llegar a fin de mes o a perder el trabajo.
2. Miedo al rechazo: Donde se engloban los temores al éxito, al qué dirán, a ser distintos, a destacar o a relacionarse con las personas.
3. Miedo al fracaso: Donde se encuentran los miedos al error, a asumir riesgos, a tomar decisiones o, incluso, a no ser reconocido en el trabajo.
4. Miedo a la pérdida de poder: En este apartado se recogen los temores relacionados con la pérdida de un puesto de influencia o autoridad, o de no ser reconocido socialmente.
5. Miedo al cambio: Éste es un conjunto de los anteriores, que engloba los cambios de función o de trabajo, por ejemplo.

Posteriormente a este libro, Jericó publicó *¿Y si realmente pudieras?* (2016), en donde analizó la fuerza de la determinación como herramienta para neutralizar los miedos a nivel personal y a nivel profesional. **La determinación, según la autora, es una fuerza innata, al igual que el miedo, pero que se puede despertar si nos apoyamos en dos elementos, fundamentalmente:**

- El **deseo genuino**, es decir, aquello que queremos realmente.
- La **convicción**, esto es, una estrategia viable y adaptada a nuestra realidad, como la persistencia indestructible, la búsqueda de recursos o la capacidad para simplificar las dificultades y reducir los obstáculos.

USA ESTA TEORÍA CON TU EQUIPO

- Antes de lanzar cualquier tipo de cambio, identifica primero los miedos de cada una de las personas. Ningún cambio podrá llevarse a cabo si previamente no hemos neutralizado los principales miedos que bloquean la motivación.
- Para reducir el miedo personal o del equipo, identifica el deseo genuino, es decir, responde a la pregunta: «¿Qué es lo que realmente quiero alcanzar más allá de las expectativas del resto?». El deseo genuino requiere ser muy honesto consigo mismo y, en muchas ocasiones, seguir la intuición. No olvidemos que la mente que intenta dar respuesta es la misma que crea los miedos. Por eso, escucha tu intuición o lo que te dice el cuerpo.
- Simplifica al máximo. Una vez que hayas respondido a cuál es tu deseo o el de tu equipo, simplifica todos los objetivos que te resten energía.
- Identifica y reconoce tus fortalezas personales y las de tu equipo para neutralizar el miedo.
- Sé tenaz en tus objetivos pero con flexibilidad y capacidad de adaptación. La tenacidad no consiste en darse cabezazos contra la pared sino en encontrar la puerta.
- Entrena el espíritu de aprendizaje ante los errores. Mientras el miedo tiene la tendencia de mirar hacia el pasado, la determinación se dirige al futuro.

17. TEORÍA DE LA FELICIDAD DE LYUBOMIRSKY

Pese a no ser una teoría de motivación propiamente dicha, Sonja Lyubomirsky es una de las personas que más ha estudiado la felicidad en el entorno laboral. Este tema es una de las mayores preocupaciones de las empresas respecto a la motivación de su fuerza laboral. **Crear y mantener un buen clima laboral y establecer políticas para aumentar el compromiso organizacional de los trabajadores es sinónimo de trabajar la motivación extrínseca en las compañías.**

En mayo de 2013 se publicó un estudio realizado por Sonja Lyubomirsky, de la Universidad de California Riverside, entre los trabajadores de Coca-Cola Iberia que concluía que, en la empresa, «la generosidad se contagia y mejora el bienestar laboral. Las personas más generosas se muestran menos irritables, tienen mejor apetito, mejor calidad de sueño, reducen sus síntomas depresivos y se sienten más comprometidas con su trabajo».

Así pues, apoyar la integración y acogida de nuevas incorporaciones, formar a nuestros colaboradores, escuchar inquietudes, proponer sugerencias de mejora, o reconocer el mérito, entre otras acciones, preparan el terreno para lograr la satisfacción laboral.

La doctora Lyubomirsky dice en su obra *The How of Happiness* (2008), como sus estudios demostraban, que en personas de vidas relativamente normales, la predisposición genética determina sólo alrededor del 50 por ciento de la felicidad, y las circunstancias que les rodean afectan sólo el 10 por ciento. Eso deja un 40 por ciento de nuestra felicidad dependiente de la realización intencionada de actividades para aumentarla. Es decir, de nuestra actitud ante las circunstancias de la vida.

Y es que «ser feliz» es una especie de compuesto entre las emociones del momento y una perspectiva general de satisfacción con la vida, que podemos activamente modificar. De hecho, hay una decena de actividades que, se ha demostrado, están relacionadas con nuestro nivel de felicidad, como son: expresar gratitud y aprecio, practicar la generosidad, esforzarse en pensar positivamente, aprender a perdonar, evitar la comparación social, tomar conciencia de los momentos alegres, cultivar relaciones interpersonales, plantearse objetivos y perseguirlos activamente, practicar una religión (si se es creyente), meditar, o desarrollar actividad física y ejercicio.

Por lo tanto, si leyendo este libro quieres aumentar tu propia motivación, uno de los primeros pasos puede ser incrementar tu nivel de felicidad realizando aquellas tareas, pero si lo que deseas es que tu equipo esté motivado, es hora de poner en práctica los siguientes consejos.

USA ESTA TEORÍA CON TU EQUIPO

- Establece una política de gratitud y reconocimiento en la que el *feedback* continuo sea un punto de mejora estructural en tu organización. Escucha a quienes te rodean e interésate por su opinión respecto a las posibles mejoras que ellos llevarían a cabo.
- En las reuniones, influye para que nadie se aproxime a un tema desde la queja, sino aportando una oportunidad o idea para superar toda situación conflictiva.
- Facilitar actividades sociales, educativas o deportivas en las que el reto sea la colaboración, más allá de la competición.
- Otorga a los trabajadores un espacio en el que se sientan individualmente importantes. Desde presentaciones al resto del equipo, toma de decisiones, liderazgo compartido o gestión de la autoridad. Lo importante es que vean que tú cuentas con ellos y se sientan valorados por ello.
- Invierte en detalles que aporten color y elementos disruptivos ante la monotonía.

18. TEORÍA DE LA NEUROCIENCIA APLICADA A LA MOTIVACIÓN DE ROMO

Como explica Marta Romo en su libro *Entrena tu cerebro* (2015), igual que no podemos diseñar un guante sin haber visto o tocado antes una mano, tampoco podemos liderar personas y mucho menos apelar a su motivación si no conocemos cómo funciona el cerebro. Hasta hace unos treinta años se desconocía en gran medida cómo funcionaba, y por ello muchas teorías sobre motivación han partido de premisas equivocadas. Como ya hemos visto, algunas teorías se han basado en el premio y el castigo y han impactado muchísimo sobre las creencias y políticas en el mundo de las organizaciones y en el mundo de la educación. Algunas de estas teorías han quedado desfasadas porque se basaban sobre todo en factores externos como movilizadores. Lo primero que aprendemos del cerebro es que la motivación es una puerta que se abre desde dentro. El poder de la motivación es personal e intransferible. **Aunque es cierto que nuestro cerebro busca el placer y evita el dolor, no podemos generalizar este conocimiento y aplicar el «pan para todos», pues hablamos de algo totalmente subjetivo, una interpretación.**

La ecuación de la motivación se completa con un posible enemigo que entra en juego, sobre todo cuando la fuerza de voluntad brilla por su ausencia. Es un modulador de nuestra motivación y hace que tendamos a repetir o a evitar un estímulo: la inmediatez. Cuando hablamos de buscar el placer o rechazar el dolor, tiene que ver precisamente con lo que sientes inmediatamente después de actuar. Es decir, si lo primero que vieras nada más morder un bollo de chocolate fuera el michelín en tu barriga, funcionarían todas las dietas. Pero, sintiéndolo mucho, lo primero que viene al pegar ese delicioso bocado es el placer..., la culpa tarda unos segundos. Por eso la fuerza de voluntad y la búsqueda de sentido son aliados que hay que entrenar para conseguir superar esta traba de la inmediatez.

¿Qué sucede en nuestro cerebro cuando nos enfrentamos a una

situación? ¿Qué es lo que nos moviliza hacia ella o nos hace evitarla? Pues bien, tenemos dos opciones: podemos activar el circuito de amenaza o el circuito de recompensa. No es tanto la búsqueda del placer o la evitación del dolor, sino cómo interpretamos la realidad. El circuito de amenaza se activa muy fácilmente. La protagonista en este momento es la adrenalina. Según los estudios del Centre for Studies on Human Stress en el Douglas Hospital de Montreal (Canadá), las cuatro causas más habituales de estrés por las que se activa nuestro sistema de alerta son: aquellas que resultan una novedad para nosotros, las que son impredecibles, cuando perdemos la sensación de control y aquellas situaciones en las que nuestra personalidad se siente amenazada (por ejemplo, cuando alguien se cuestiona lo que hacemos). La mala noticia es que estamos rodeados de situaciones de este tipo, que no siempre son amenazas para la supervivencia aunque las vivamos como tales. Este circuito no favorece nuestra motivación, pues cuando está activado no buscamos lo que realmente queremos sino que sólo nos preocupamos de defendernos.

Con el circuito de recompensa activado nos emborrachamos de dopamina, que nos ayuda a mantener la atención y a memorizar mejor, entre otras cosas. Este circuito nos impulsa hacia lo que realmente queremos, nos importa, nos llena..., y aquí podemos dar lo mejor de nosotros mismos. Esta aproximación nos lleva a deducir la importancia del entorno, el contexto, e incluso las relaciones, si realmente queremos movilizar a otras personas o motivarnos a nosotros mismos. Un entorno en el que no hay amenaza percibida por el cerebro, sin duda, favorece la motivación.

USA ESTA TEORÍA CON TU EQUIPO

- Sé equitativo y cuida el «estatus» de los colaboradores. Estatus es la percepción que tiene cada persona de dónde está en relación con su entorno. Trata de forma equitativa a los demás, fortalece al equipo, tratar a todos por igual, además de debilitarlo, es injusto.

- Genera certeza en la medida de lo posible: necesitamos saber qué va a pasar y qué podemos esperar, por eso es tan importante la comunicación, la transparencia y la claridad de las expectativas sobre cada uno de nuestros colaboradores. Combate la incertidumbre con información. Por ejemplo, si convocas a un colaborador, avísale del motivo de la reunión.
- Fomenta la autonomía: cuando las personas percibimos que no tenemos el control o la capacidad de decisión, nuestros niveles de estrés se elevan considerablemente. Evita el micromanagement y céntrate en lo verdaderamente importante.
- Estimula las relaciones positivas: para generar oxitocina, también conocida como la «molécula de la felicidad». Establecer relaciones cercanas con los colaboradores contribuirá a que ellos y tú estéis más satisfechos con vuestro trabajo.

19. TEORÍA DE LA TRANSFORMACIÓN DEL CONTEXTO DE TURIENZO

Y llegamos a mi propia teoría, desarrollada tras años de experiencia en el sector de la motivación de equipos de trabajo y en la investigación de la influencia social, es decir, la rama psicológica que estudia el comportamiento individual y cómo éste es afectado por el contexto en que se desarrolla. Y aunque ahora te la explicaré con detalle y aportaré algunos de los avales científicos que la soportan, te la resumo en un titular: **una persona aumentará su motivación si con su acción consigue que el contexto le sea satisfactorio.** Pero antes de seguir, permíteme que perfile tres aspectos importantes:

El poder
Investigaciones como la denominada «la cárcel de Stanford», de Philip George Zimbardo, donde un grupo de alumnos acabó reprimiendo emocional y físicamente a otro cuando los primeros intentaron amotinarse, o el experimento de Stanley Milgram en el que el 60 por ciento de los adultos acababan realizando descargas eléctricas letales a unos supuestos alumnos a los que oían retorcerse de dolor cuando creían hacerlo por respeto a la autoridad, no son casos aislados. Lamentablemente, hace apenas unos años, en la cárcel de Abu Ghraib, en Irak, los soldados estadounidenses incumplieron los derechos humanos y provocaron un escándalo mundial cuando por mantener el orden llegaron a tratar como animales a los presos.

La conclusión es clara: **el poder y nuestra visión de éste nos condicionan en nuestro contexto.** La ausencia de consecuencias, o más bien el creerse respaldados por el sistema, hará que una persona sea capaz de llevar al límite sus propias creencias, aunque eso dañe a terceros. El contexto y el poder demuestran que lo importante no son los palos de la vieja teoría de la motivación, sino las órdenes impuestas desde las figuras de poder, ya que la mayoría de los adultos harán todo lo posible por cumplirlas.

El contexto y la promesa

El investigador Walter Michel realizó en la Universidad de Stanford el famoso experimento de los *marshmallows*, en el que los niños aguantaron una media de tres minutos. Este experimento se multiplicó en universidades y empresas, y el realizado en 2012 en Rochester es el más simbólico. En esta ocasión, se dividió a los niños en dos grupos, uno de ellos había sufrido el no cumplimiento de una promesa por parte del investigador y en el otro, la promesa anterior sí había sido satisfecha. ¿Qué sucedió?

Los niños que experimentaron interacciones poco fiables con un investigador esperaron un tiempo promedio de tres minutos en la prueba con el *marshmallow*, mientras que los que experimentaron interacciones confiables resistieron durante doce minutos. Sólo uno de los 14 niños en el grupo no fiable esperó los quince minutos completos, en comparación con nueve niños en la condición fiable.

La promesa es la confianza que depositamos en el cumplimiento de la palabra dada. Es fundamental para creer en el poder de afiliación, o de las relaciones entre individuos, pero suele ser un elemento de conflicto si la sentimos dañada. Creer en que el otro cumplirá su promesa influye directamente en la creación de nuestro contexto y nuestra actitud hacia él.

Contexto y percepción

Elizabeth Loftus llevó a cabo, en colaboración con John C. Palmer, un experimento sobre la percepción de la realidad en la que tras mostrar a un grupo de 45 estudiantes una breve película del choque de un coche con otro, les pidió que estimaran la velocidad del coche causante del accidente. Esto podría parecer aleatorio, pero introdujeron un elemento de condicionamiento social: el vocabulario.

Dividió a los estudiantes en cinco grupos, y al formularles la pregunta utilizó un verbo distinto para describir lo que habían visto: en un caso el coche se había «estrellado» *(smashed)*, pero en otros había «colisionado» *(collided)*, «chocado» *(bumped)*, «golpeado» *(hit)* y «contactado» *(contacted)* con el otro coche. Los resultados demostraron que según la gravedad de la palabra asignada, así atribuían la velocidad del coche, siendo «contactado» el coche más lento y «colisionado» el más veloz.

Somos consecuencia de la terminología de nuestro contexto. **Las palabras que utilizamos y las que utiliza nuestro entorno conforman nuestro contexto en una percepción individual.** Los medios, nuestro ámbito social, e incluso nuestra formación, construyen una realidad en nuestra cabeza que influye directamente en nuestra forma de ser y actuar.

Todos somos fruto de nuestro contexto y de sus tres P: poder, o las relaciones y los equilibrios de autoridad que se generan en ellos; la promesa, o la confianza expresa que se manifiesta frente al cumplimiento de lo esperado, y la percepción, o la visión sesgada que nuestro cerebro genera de la realidad que nos rodea. Nadie está exento del contexto. Pero ¿acaso nosotros podemos modificar nuestro contexto para generar motivación? Es aquí donde se desarrolla mi teoría, ya que existen tres tipos de actitudes frente al contexto. Todos podemos actuar de estas tres formas a lo largo de nuestra vida, pero solemos repetir un mismo patrón ante el enfrentamiento a un nuevo contexto. Más aún si el contexto es negativo u hostil:

Fighters. Este tipo de persona predominante suele resistirse al contexto. No le gusta participar en él y provoca su propio aislamiento. La actitud frente a esta situación puede ser la basada en la ira o la frustración, o bien la del derrotismo y el aislamiento. Participarán del contexto sólo en lo necesario para que sus necesidades les sean satisfechas, pero no impulsarán un cambio, puesto que suelen dejarse llevar por la negatividad o la creencia absoluta de que nada puede cambiar. En este grupo la motivación es escasa y tenderán a desmotivar al resto que sí desee un contexto mejor. Su motivación está en el conflicto, no en el cambio real. Se suelen denominar a sí mismos como realistas. Habitualmente se les identifica por que no respetan el poder, tienen una gran resistencia al cambio, no confían en la promesa, ni atienden a otras percepciones de la realidad que no sea la suya propia.

	LUCHA CONTRA EL CONTEXTO	SE ADAPTA AL CONTEXTO	TRANSFORMA EL CONTEXTO
	FIGHTERS	**PEACEMAKERS**	**WARRIORS**
MOTIVADOR	Defensa de creencias	Posibilitar un contexto no hostil	Crear un nuevo contexto
PRINCIPAL ENEMIGO	El sistema impuesto	Cualquiera que no respete lo establecido	Las normas y la falta de creatividad
PRINCIPAL VIRTUD	Vehemencia y orientación a resultados	Negociación y capacidad de adaptación	Estrategia, comunicación y energía
ÁREA DE MEJORA	Evolucionan poco o nada	Exigencia hacia la excelencia	Excesivo individualismo

Peacemakers. Este grupo es el mayoritario en la población y son aquellos que asumen el contexto como propio, o como algo inevitable, y cambian incluso su forma de ser para adaptarse a aquél. Suelen ser pacíficos y prima en ellos la necesidad de sentirse seguros, y cómodos, ante las circunstancias. Pese a que el cambio en ellos no sea por iniciativa propia, suelen activar su motivación con el fin de permanecer en un entorno impuesto que no les sea hostil. Son optimistas ante la vida y respetan las normas y los sistemas. Por regla general, respetan el poder, creen en la promesa, así como en el poder de afiliación, y atienden a otras percepciones.

Warriors. Cuando esta actitud es predominante en una persona, el contexto no le agrada, pero a diferencia de los anteriores, ni se aísla, ni se adapta, sino que decide modificar sus rutinas o comportamiento para transformar así el contexto y crear uno nuevo. Este perfil es creativo y excitable, pero puede caer en la apatía si no ve resultados tras sus acciones, ya que luchan por el cambio, no por la batalla o la reivindicación. La motivación en ellos reside en la ilusión y la energía de la transformación de las circunstancias. Son optimistas y ácratas, por lo que prefieren descubrir e inventar nuevos caminos que seguir las reglas establecidas. Este grupo se identifica por respetar el poder impuesto, creen en su propia promesa y en el poder del teamdividualismo (el poder de la aportación individual para forjar un equipo eficaz y eficiente). Por último, suman percepciones construyendo su realidad a base de informaciones de terceros que ellos deberán contrastar y experimentar.

USA ESTA TEORÍA CON TU EQUIPO

- Sé consciente del contexto real que estás generando y pide *feedback* a todo tu equipo. Entre las personas que colaboran contigo encontrarás los tres estilos. Escucha todas las voces y no lo reduzcas a una simple votación, ya que siempre ganarán los *peacemakers*.
- A las personas *fighters* permíteles cierto grado de individualismo,

escucha sus quejas pero anímales a que propongan soluciones. Intégrales como elemento discordante y motívales con hechos concretos y a corto plazo de un contexto existente.
- A las personas *peacemakers* la motivación les llegará por la seguridad y la adaptación a un medio no hostil, por lo que debes facilitarles el cambio con formación y unas metas claras.
- Los miembros *warriors* de tu equipo necesitarán saber qué se requiere de ellos y plantearles retos constantes. Otórgales cierto grado de autoridad y tiempo para crear y construir nuevos procesos y sistemas.

20. TEOREMA DEL COMPROMISO Y SISTEMA FUCK

Hemos visto que Maslow centraba su teoría en una jerarquía de necesidades y cómo Alderfer le corrigió añadiendo los elementos de frustración y satisfacción para poder moverse hacia arriba y hacia abajo, incluso sin cubrir peldaños más básicos. Skinner nos hablaba de que la motivación se alcanza con un reforzamiento a través de la comunicación y su bolígrafo rojo y verde. Locke incorporó las metas, ya fuesen para los grupos X e Y de McGregor, o buscando la Z de Ouchi. Eso sí, siempre y cuando superemos las injusticias como proponía Adams, las necesidades de logro, poder o afiliación de McClelland, o los factores de higiene y motivación de Herzberg. Si buscamos un liderazgo más intrínseco, Pink nos proponía atender a la autonomía, la maestría y el propósito, y Cubeiro desarrollar el talento. Ser conscientes del patrón PAN, de Berne, en la comunicación, identificar nuestro estado OK con nosotros y con los otros, como dijo Ernst, o cuidar los elementos que postulaba Vroom de valor, expectativa e instrumentalidad serán claves para generar una motivación eficaz. La felicidad como impulso de Lyubomirsky, el deseo y la ilusión de Jericó e incluso la plasticidad de nuestro cerebro de Romo nos ayudan a completar el mapa de la motivación. Sin olvidar, por supuesto, encontrar a los *givers* que Grant ligaba con el éxito, o mis *warriors*, que garantizan la correcta transformación del contexto. Teorías complementarias que seguro te ayudarán a generar motivación en ti o en tus equipos de trabajo. Pero ¿alguna de ellas garantiza el compromiso a medio plazo? Desgraciadamente, a no ser que vayas renovando tu acción, el compromiso desaparecerá. Por eso, y como ya te anunciaba al principio, he desarrollado el teorema del compromiso y el sistema FUCK.

El teorema del compromiso responde a la fórmula $C=(m - i)^p$. Que, como vimos al inicio del libro, hace referencia a un enunciado en el que *compromiso* (C) es el resultado que descubrimos al poseer un *motivo* (m) y restarle las *interferencias* (i), elevando el resultado de dicha operación al *potenciador* (p) apropiado.

$$C = (m - i)^p$$

Este teorema pretende resolver algo esencial, que no es sino la durabilidad del compromiso. El motivo, como veremos a continuación, puede ser intrínseco o extrínseco, ya sea que se haya encontrado ese objetivo dentro de nuestro crecimiento o llamada interior o como aportación externa a nosotros. Las interferencias serán todos aquellos elementos que nos alejan de nuestro objetivo o, mejor dicho, que trabajar en nuestro objetivo sea nuestra prioridad. Por último, los potenciadores son una serie de elementos que si son racionales se trabajarán desde un plano estratégico, y si son emocionales se articularán desde un enfoque discursivo. Estos últimos son la clave que permitirá elevar el resultado de nuestra motivación, ya que pueden ser usados como palanca alterna y prolongada en el tiempo. Para una misma persona y un objetivo concreto, el motivo siempre será el mismo, las interferencias serán las habituales, pero podremos modificar los potenciadores tantas veces como deseemos.

Creé el sistema FUCK *(Follow Up Clever Keys)* para atender una de las mayores amenazas que me encontraba en el mundo laboral: la falta de seguimiento. Hoy en día no me cabe ninguna duda de que es ésta una de las mayores interferencias externas que existen, ya que si no realizamos un seguimiento de las acciones, mejoras o consecuencias de nuestros equipos, la motivación caerá sin remedio. Para ello, una fórmula sencilla es rellenar el gráfico que a continuación comparto.

NOMBRE DEL ELEMENTO A SEGUIR:		
Objetivo:		
¿HE HECHO LO PLANIFICADO?		
SI		NO
¿Cómo está funcionando?		¿Cuándo lo vas a hacer?
BIEN	MAL	
REPLICA	CAMBIA	¿En quién te vas a apoyar?
RECONOCIMIENTO		
¿CÓMO VAS A ASEGURAR EL ÉXITO?		
¿Qué vas a replicar?	¿Qué vas a cambiar?	¿Qué, cómo y con quién vas a hacerlo?

PARTE 2

MOTIVADORES INTRÍNSECOS

INTRODUCCIÓN

La motivación intrínseca se fundamenta en los impulsos que generan una acción por el simple deseo o placer de realizarla. No es necesaria una compensación externa o posterior, puesto que el solo hecho de hacerla ya nos está suponiendo una recompensa. Por ejemplo, si lees este libro como hobby, o por desear mejorar como profesional, o incluso si lo haces para poder criticarme, lo estarás haciendo por motivación intrínseca. Te motiva el hecho de hacerlo y las consecuencias internas que se generarán en ti y, por lo tanto, disfrutarás de la acción en sí misma.

En la motivación intrínseca, la persona es un sujeto activo y toma la elección decidida de realizar una labor por el simple disfrute de vivir esa experiencia. Existen tres elementos que potencian la motivación intrínseca. El primero es la autonomía, o la posibilidad de realizar la actividad cuándo, dónde y cómo se desee. La capacitación, o la posibilidad de avanzar en conocimiento hasta un nivel deseado, sería el segundo valor. Por último, el propósito, o que el elemento por ejecutar esté enmarcado en una actividad o proyecto más grande. No obstante, estos elementos están condicionados por diferentes motivos o modelos que provocarán la acción.

Por ello, en este capítulo quiero compartir contigo algunos de mis modelos más relevantes para su comprensión y activación. Trabajar el optimismo, el conocimiento, la independencia, la pasión, la posición social o la venganza, así como herramientas concretas como gestionar la capacidad pasada, te ayudarán a dominar todo lo necesario para ser alguien motivado y motivador.

La motivación intrínseca no significa, sin embargo, que una persona no busque recompensas. Sólo quiere decir que las recompensas externas no son suficientes para mantener a una persona motivada. Un estudiante motivado intrínsecamente, por ejemplo, puede que desee obtener una buena calificación en un trabajo, pero si la tarea no le interesa, la posibilidad de una buena calificación no es suficiente para que el estudiante mantenga la motivación y ponga empeño en el proyecto. Un trabajador motivado intrínsecamente sentirá satisfacción mientras realiza su tarea, pero pretenderá cobrar por ello. Ahora bien, habrá ocasiones en las que el dinero no será capaz de motivar a alguien que no tiene esa motivación intrínseca, y ahí es donde comienzan los problemas laborales. Si no quieres caer en ser objeto de la famosa sentencia del «no me compensa», desarrolla, genera y destapa la motivación intrínseca, pues es más duradera y ayudará a generar una base más sólida en ti y en tus equipos de trabajo.

21. EL MODELO DEL OPTIMISMO

Aquí se forja la base de la motivación: en saber conducir a la persona a motivar, a que crea realmente en sus capacidades y que apueste por el optimismo inteligente. Entendiendo que el verdadero y más eficaz OP-TI-MISMO es ser capaz de convencer a la mente de que se pueden hacer las cosas POR-TI-MISMO.

Desarrollar una técnica de motivación desde este principio es bastante metódico. Comienza observando a alguien que esté teniendo problemas en su vida, ya sea personal o profesional, y de forma rápida empezará a pronunciar sentencias lapidarias del estilo: «Yo no valgo», «Siempre me engañan», «No tengo la preparación necesaria» o «Siempre tengo yo que cargar con todo». Pues bien, en ese momento:

A. Reencuadra mentalmente con una frase del tipo: «¿Qué crees que necesitas (en ese puesto, en ese proyecto, en tu pareja...) para (sentirte bien, para volver a sonreír...)?». Al construirla, estaremos provocando un cambio de foco en quien la escucha. Pasando de la queja a la visualización positiva.

B. Lleva a la persona a un escenario de capacidades con un: «¿Qué te lleva a creer que mereces eso?». Entona esta pregunta con amabilidad y cercanía, ya que tu interlocutor tenderá a justificarse y podrá sentirse juzgado. Es importante escuchar con atención y empatía para que poco a poco vaya redirigiendo su mensaje a sus capacidades o méritos.

C. Genera una toma de conciencia con: «¿Cómo puedes demostrarme que tienes esas capacidades?». Atención, en este paso no te sirve un «no lo sé» o un «nada». Ayuda a que la persona encuentre soluciones por sí misma o guía a esa persona a que las encontréis juntos.

D. Remata con un reforzamiento y llamamiento a la acción: «Yo sé que tú eres... (incluir alguno de los adjetivos con los que la otra persona se sienta cómoda), así que ¿qué vas a hacer ahora para convencerte a ti mismo?». Busca la concreción en las acciones y el itinerario a corto plazo.

Esta sencilla fórmula nos sirve para que la persona con la que hablamos tome conciencia y crea en las cosas que puede llegar a alcanzar apostando por sí misma. Pero cuidado, no se trata de motivar a todo el mundo de cualquier manera. De hecho, una de las frases más desastrosas es aquella que dice «si quieres puedes». Esta sentencia está culpabilizando del fracaso al sujeto, dudando siempre de sus capacidades o intenciones. La frase correcta debería ser: «Si quieres, sabes cómo, superas los fracasos y te esfuerzas, puedes». Es menos bonita pero, al menos, es real.

La motivación intrínseca, por lo tanto, comienza con la percepción de poder interno en la consecución de una meta. Aprovecha que estás leyendo este libro para pensar en cuál es el tipo de comunicación que emites hacia ti, y hacia el resto, cada día. ¿Aporta motivación, autoconocimiento positivo, creencias en positivo? ¿Refuerzas la autoestima, el valor aportado, las características personales? ¿Explicas y te explicas lo que está sucediendo y qué te ha llevado a ello? Recuerda, aquello que no suma, resta. Aquello que no multiplica, divide.

22. EL MODELO DEL CONOCIMIENTO

El querer saber más es algo inherente al ser humano. Toda persona desea tener más conocimiento, aunque no todas quieren saber sobre las mismas cosas. De ahí que la mayoría de las personas saben que existe algo que se llama el Vaticano y que dentro se encuentra la Capilla Sixtina. Algunos saben que la pintó Miguel Ángel Buonarroti. Pocos saben que el encargo fue una trampa de Rafael para desacreditar al maestro de Caprese. Y casi nadie sabe que hubiese sido más fácil por su parte haber hecho público que Miguel Ángel utilizaba cadáveres para ganar realismo en unos bocetos que después quemaba, o que se ganó la vida como falsificador. Ambos delitos le hubiesen llevado a la cárcel y quizá a la muerte. Y, sin embargo, ahora que lo sabes, aunque no estuviese dentro de tu interés inicial, seguro que se lo cuentas a alguien.

El conocimiento es, por lo tanto, un fuerte motivador intrínseco, o dicho de otro modo, las ganas de saber se enraízan en lo más básico de la persona y nos ha permitido evolucionar y ser cada día más capaces. El modelo del conocimiento se basa en el instinto primigenio de adquirir sabiduría que nos permita estar más preparados para perdurar con calidad en nuestro entorno.

No obstante, ni queremos aprender de todo, ni nos parece atractiva toda forma de suministrarnos conocimiento, por lo que generar la motivación desde el modelo de conocimiento debe ir un paso más allá. Estimula la motivación intrínseca de cualquier persona a través del conocimiento construyendo sobre dos pilares básicos. Por un lado, lo atractivo del relato. Por otro, el beneficio que se va a obtener con ello.

Si necesitas que alguien esté motivado para hacer algo, recuerda que la motivación debe nacer de esa persona, pero en tu mano está el crear un relato lo suficientemente atractivo como para que la persona quiera saber más. Utiliza ejemplos visuales a la hora de hablar, crea una historia interesante, descubre secretos y utilidades desconocidos para el resto de los usuarios, pero, sobre todo, muestra con el ejemplo y haz que vivan la experiencia. Nunca aprendieron más las empresas en las que trabajé sobre resultados económicos como cuando les creé una cuenta en un banco ficticio, en el que cada acción suya de su trabajo diario les servía para aumentar o disminuir su saldo, o incluso para realizar inversiones a corto, medio y largo plazo. Curiosamente, todos aprenden el significado de los bonos, de la economía inteligente o conceptos como apalancado, *dumping* o *zaiteku*. Mientras aprenden cómo hacer subir sus números conociendo el departamento financiero y sus necesidades, se divierten compitiendo, juegan y a su vez realizan con mayor eficacia una serie de acciones ligadas a dichos movimientos económicos.

Al mismo tiempo, deben quedar claros y estar bien explicados los beneficios personales que una persona va a obtener al aprender dicha tarea. Por ejemplo, incentivar a un adolescente para que aprenda inglés por la excelencia personal o las posibilidades de trabajo posteriores será complicado. Ahora bien, si cree que con ello podrá ligar más el próximo verano, se dejará la piel en aprenderse los *phrasal verbs*.

Si deseas hacer atractivo el relato, piensa en los intereses de la otra persona, o los tuyos propios, y crea una fórmula que se base en el «comprender haciendo» y descubrir disfrutando. Si deseas potenciar el beneficio posterior, marca claramente una comparativa y un resultado final que pueda ser utilizado en todos los aspectos de la vida. De ese modo estará actuando el modelo del conocimiento y desatando este motivador intrínseco.

23. EL MODELO DE LA DIVERSIÓN

¿Te has dado cuenta de que cuando estás disfrutando y divirtiéndote el tiempo parece transcurrir más rápido? ¿Has sentido alguna vez que las horas se han pasado volando? ¿E incluso que cuando algo te parece divertido no sólo no te importa repetirlo, sino que provocas que vuelva a suceder? No cabe duda del poder de la diversión como motivador intrínseco. Lo llevas experimentando toda la vida.

Evidentemente el tiempo no cambia su velocidad; una hora es una hora. Sin embargo, nuestra percepción modifica la esencia misma del espacio temporal hasta transformarlo, y hacernos creer que ha pasado con mayor celeridad.

Divertirse con algo acaba siendo el mayor reclamo para su repetición. Pero la diversión no es un elemento constante y permanente, puesto que debe ser trabajada cada día mediante la actitud positiva. De hecho, hay actividades que tenemos que hacer que no son divertidas; por ejemplo, elaborar algún trámite burocrático, hacer turno de espera en el servicio postal, ir al médico, asistir a una junta de puro trámite en el trabajo, lidiar con gente difícil e intransigente o, por supuesto, vernos forzados a trabajar en algo que no nos apasiona.

Es ahí donde tenemos que hacer magia y educar nuestro cerebro para activar este motivador intrínseco basado en el modelo de la diversión. Todo radica en la opción o la actitud con la que nos planteamos dicha tarea. Algo no especialmente sencillo de educar, pero sí eterno una vez asimilado. Toda persona tiene opciones a la hora de enfrentarse a algo, y puede elegir, dentro de su cabeza al menos. La motivación está estrechamente vinculada a nuestra percepción de diversión, y ésta comienza en nuestra actitud positiva, por lo que deberemos trabajar en asentar y construir una elección correcta. Hazlo mediante el modelo que cree para el libro *Smile*:

Simplifica. Elimina lo superfluo y busca el lado sencillo de las cosas. Ayuda a las personas para motivarlas a que sean capaces de prescindir de creencias y juicios, así como de elementos que sólo engordan las dificultades en sus cabezas, y facilita que aporten soluciones sobre ello.

Relativiza. Enfoca la acción sobre lo verdaderamente importante, otorgando la importancia en su justa medida a aquello que está sucediendo. No generes gigantes donde sólo existen molinos, o sombras mal proyectadas de pequeños hombrecitos.

Positiviza. Centra tu acción en el lado bueno de las cosas. Piensa en lo que une al equipo, a la situación o a la persona, más que en lo que les separa. Construye desde ese elemento positivo que ese nuevo escenario esté aportando.

Ilusiona. Motívate con conseguir un hito. Apoya a las personas para motivarlas a creer en un objetivo que les satisfaga, que les divierta y les genere orgullo de pertenencia.

Modifica. Erradica aquello que no hayas podido modificar con ninguna de las acciones anteriores. Aquello que no se puede simplificar, que no tiene un foco sobre el que relativizar, que no aporta un lado positivo o que no se puede convertir en un reto sobre el que ilusionarse, sencillamente debe desaparecer o ser modificado sustancialmente.

El modelo de la diversión, por lo tanto, es capaz de generar una extraordinaria motivación intrínseca si sabemos canalizar la situación a través de una correcta actitud. No renuncies a disfrutar con aquello que haces, porque así harás que el tiempo pase más deprisa y, sin duda, en el trabajo no son pocas las veces que miramos el reloj mientras esperamos que algo suceda. A ser posible, divertido.

24. EL MODELO DE LA AUTOESTIMA

Ante otras personas o con nosotros mismos, vivimos en juicio permanente a nuestras capacidades y logros. Los convencimientos que mantenemos sobre nuestra persona, aquellas capacidades, cualidades, modos de pensar o de sentir que nos otorgamos, constituyen nuestra «imagen personal». La «autoestima» es la apreciación que realizamos sobre nosotros mismos a partir de las sensaciones y experiencias que hemos ido adquiriendo a lo largo de la vida. Nos sentimos capaces o incapaces, luchadores o conformistas, extrovertidos o tímidos. En definitiva, nos gustamos o no. Esta autovaloración es verdaderamente importante, puesto que de ella dependen en gran medida el desarrollo de nuestro potencial personal y la consecución de nuestros logros en la vida. Así pues, las personas que tienen alta autoestima son capaces de enfrentarse y salir reforzados de los retos y las responsabilidades que la vida plantea. Por el contrario, aquellas personas que tienen una baja valoración de sí mismas suelen autolimitarse, procrastinar e incluso fracasar.

Utilizar la autoestima como modelo de motivación intrínseca es fundamental si lo que deseamos es que la persona o nosotros mismos consideremos que seremos mejores o estaremos mejor preparados tras realizar una tarea o actividad. Todo tiene que ver con esa autoestima que sentimos.

Existe un paso esencial cuando deseamos potenciar la autoestima, y es la resolución de problemas. Si atribuyes a una persona la capacidad de solventar un problema o una crisis y le ayudas en su ejecución exitosa, ganarás dos veces. La primera por haber conseguido superar un obstáculo con la acción de dicha persona. La segunda, cada vez que le recuerdes que gracias a su labor el problema quedó en el pasado. Tu autoestima subirá si te empiezas a plantear la vida desde tus éxitos y no desde los fracasos.

1. Sobregeneralización
2. Designación global
3. Autoacusación
4. Falacias de control
5. Razonamiento emocional
6. Pensamiento polarizado
7. Personalización
8. Lectura del pensamiento

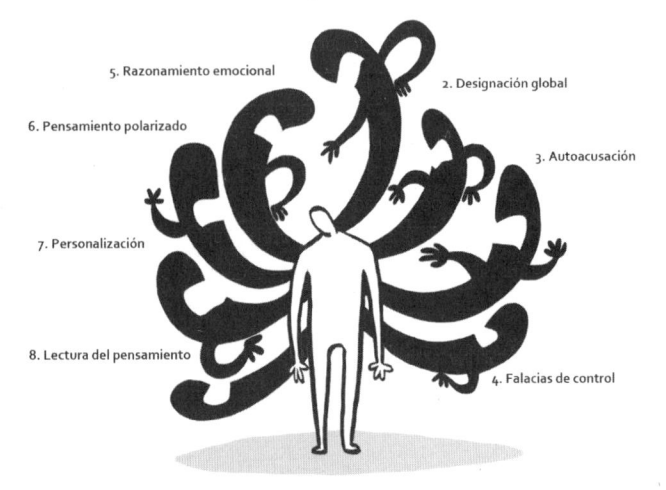

SIEMPRE FALLO [1]
SOY MUY TORPE [2]
TODO ES MI CULPA [3]
POBRE DE MÍ [4]
ESTOY SOLO [5]
O CONMIGO O CONTRA MÍ [6]
LOS DEMÁS NO ESTÁN BIEN CONMIGO [7]
NO LE IMPORTO A NADIE [8]

1. **Sobregeneralización:** A partir de un hecho aislado creas una regla universal, general, para cualquier situación y momento. Por ejemplo, has fallado una vez en algo concreto, pero te dices: «¡Siempre fallo!».

2. **Designación global:** Utilizas términos peyorativos para describirte a ti mismo, en vez de describir el error concretando el momento temporal en que sucedió. Por ejemplo, en vez de «normalmente soy hábil salvo con las manualidades que no se me dan muy bien», te defines diciendo: «Soy muy torpe».

3. **Autoacusación:** Te encuentras culpable de todo o te achacas la única responsabilidad siempre. Por ejemplo: «El equipo ha sacado un mal resultado, seguro que ha sido por mi culpa».

4. **Falacias de control:** Sientes que tienes una responsabilidad total en todo y con todos, o bien sientes que no tienes control sobre nada, que eres una víctima desamparada.

5. **Razonamiento emocional:** Conviertes en verdad aquello que sientes. Por ejemplo, al sentirte en soledad te convences de que estás solo realmente. O si no te sientes capaz, te convences de que eres un inútil.

6. **Pensamiento polarizado:** Pensamiento de todo o nada. Se llevan las cosas a sus extremos. Se tienen categorías absolutas. Es blanco o negro. Estás conmigo o contra mí. Lo hago bien o mal. No se aceptan ni se saben dar valoraciones relativas. O es perfecto o no vale.

7. **Personalización:** Supones que todo tiene que ver contigo y te comparas negativamente con todos los demás. Por ejemplo: «No está la jefa contenta hoy, seguro que tiene que ver conmigo».

8. **Lectura del pensamiento:** Supones que no le interesas a los demás, que no les gustas, crees que piensan mal de ti... sin evidencia real de ello. Son suposiciones que se fundamentan en cosas peregrinas y no comprobables.

25. EL MODELO DE LA PASIÓN

La pasión es ese elemento motivacional que nos hace existir, que nos motiva a provocar que algo suceda, a ejecutarlo con destreza, a conquistar ese aspecto del que nadie se percató, ese deseo de hacer, ese sentimiento de pertenencia que tenemos por algo, eso es la pasión. Si lo que haces no te apasiona, pierde el sentido, no lo acabarás haciendo bien. Cuando se siente y se descubre, la pasión es irremediable, nadie puede con ella.

Es curioso que la palabra «pasión» provenga del latín *passio* y ésta de *pati, patior*, que significa «padecer o sufrir», cuando en lo referente a la motivación la pasión hace que una persona persevere, que pase lo que pase tenga mucha más energía para llegar a la meta propuesta. La exclusiva manera de superar los impedimentos que va a encontrar en el camino es amando lo que debe hacer. Si siente eso tendrá fuerza para seguir buscando maneras de lograr lo que se proponga; y cuando falle en ciertas iniciativas no caerá en el pesimismo de querer dejarlo todo atrás, sino que sentirá que debe seguir intentándolo. Porque su motor es la pasión, y este modelo es implacable como motivador intrínseco:

Genera curiosidad. Si alguna vez has tenido a un mago realizando un juego ante tus ojos, tu cerebro mostrará sorpresa y acto seguido intentará resolver el enigma, querrá saber cómo se realizó e incluso pedirá que se repita. En ti se generará expectativa, curiosidad y deseo. Sin embargo, en cuanto se explica el truco, todo eso se esfuma desacreditando al propio mago. Generar curiosidad es suministrar la información necesaria para conseguir que la otra persona desee saber más, pero tener la delicadeza suficiente para no excedernos.

Usa la creatividad participativa. Haz las cosas de un modo distinto a lo esperado o habitual. A todo el mundo le gusta una buena comida, pero si cada día se realiza a la misma hora, de la misma manera y con los mismos ingredientes, incluso la más suculenta deja de tener alicientes. Haz partícipe de las normas, los horarios y la elección del cómo, dónde y cuándo se realizan las tareas y verás cómo el objetivo de la actividad genera más pasión desatando la creatividad.

Apóyate en el logro. Dos trabajadores diferentes de la misma fábrica con el mismo puesto de trabajo opinarán cosas distintas. Uno pondrá remaches, el otro trabajará creando aviones. ¿Cuál crees que sentirá más pasión por lo que hace? Saber hacer partícipe del logro final es generar orgullo de pertenencia, y con ello motivación intrínseca a través de la pasión.

Facilita su ejecución. Es muy difícil sentir pasión por aquello que se nos antoja de complicado desempeño. No significa que no deba suponer un reto, pero las personas que aman los sudokus desean sentir el reto de colocar los números y resolver el rompecabezas, salvo que éste sea imposible o haya que escribir un informe sobre el porqué de cada número. Elimina la burocracia innecesaria y otorga más tiempo al disfrute de la ejecución.

Contagia energía. Busca a personas que les apasione esa actividad. Haz que compartan tiempo, conversaciones, secretos, trucos... En esa información que destila la otra persona seguro que es más fácil encontrar los datos que nos inspiren y nos contagien de energía. Compañeros, guías, mentores, profesores o jefes sin energía generan, sin lugar a dudas, personas sin pasión y desmotivadas.

El modelo de la pasión aglutina las ganas de disfrutar con la ejecución, el placer de la creación y el logro con el sentimiento de pertenencia y orgullo. No cabe duda de que las cosas que nos apasionan nos motivan, y ahora sabes que en aquellas que nos deben motivar se puede estimular la pasión.

26. EL MODELO DE LA INDEPENDENCIA

La independencia o autorrealización son dos elementos que sin duda funcionan como motivadores intrínsecos. El primero, por la necesidad de sentimos libres, capaces y autorresolutivos. El segundo, porque supone el desempeño máximo de nuestros talentos y capacidades. En definitiva, ambos elementos están ligados a los conceptos de tiempo, espacio, así como a sus capacidades y desempeño. Nadie puede sentir motivación si no se siente dueño de los primeros, ni válido en los segundos.

El sentimiento de independencia se fundamenta así en el triángulo de tres vértices de tiempo, espacio y decisiones. Tener la equilibrada libertad de permanecer en el centro del triángulo nos otorga la motivación de la independencia. Saber generar que tu equipo se sitúe en el centro de dicho triángulo te garantizará su motivación.

De hecho, podría explicarte que para potenciar el modelo de la independencia debes otorgar el valor a la otra persona, honrar positivamente sus capacidades, otorgar tiempo y espacio para el desarrollo de la actividad, o incluso asumir el acompañamiento desde la distancia, renunciando al control por el seguimiento. Pero como decía Emilio Visconti: «Independiente siempre, aislado nunca», probemos otra opción. Tienes una página a continuación para darle más valor a este libro. Escribe, dibuja, crea o desarrolla tu propio modelo de la independencia (respondiendo cuál sería tu forma de motivar) y mándamelo a mi correo electrónico ruben@wiwin.es, yo lo publicaré en mis redes sociales y, finalmente, entre todos los que me lleguen sacaremos una edición con las mejores aportaciones y los nombres de quienes las hayan realizado. ¿Te animas a ser independiente? ¿Te animas a dejar tu legado?

CREA TU PROPIO MODELO DE INDEPENDENCIA

Para enviar a: ruben@wiwin.es

27. EL MODELO DEL LEGADO

El concepto del legado es uno de los motivadores intrínsecos que con más éxito utilizo en las compañías en las que desarrollo mi actividad. Y evitando prejuicios te diré que no es propio de roles o jerarquías: toda persona quiere ser recordada como una figura de relevancia y haber creado algo mejor. Ésa es la base de este modelo, construir sobre el recuerdo futuro.

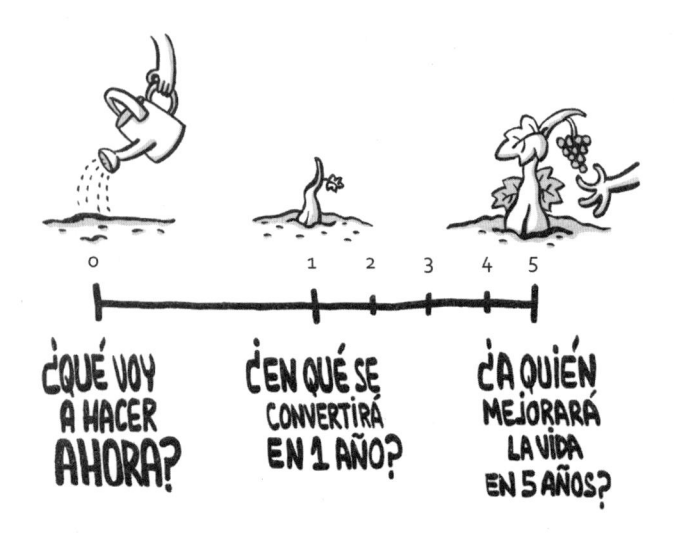

Hace unos años, trabajando para una fábrica de papel, se nos ocurrió a mi equipo y a mí crear un pequeño bosque. En él, cada trabajador, al terminar su proceso de formación y en una jornada de hermanamiento y reconocimiento, plantaba un árbol en el que se añadía un código QR que enlazaba con un vídeo de dicha persona en el que contaba algún consejo para dejar una empresa mejor en el futuro. Se llamó el bosque de los buenos deseos, y algo que comenzó con 85 participantes ahora tiene 300 árboles. Lo mejor es que nuestro proceso de excelencia terminó, pero aún mantienen ese ritual. Ahora los nuevos trabajadores no sólo disfrutan de una arboleda donde antes había una explanada con césped y una fuente, sino que con sus móviles pueden ver, a través de las voces de sus compañeros actuales y pasados, consejos, trucos, recomendaciones y mensajes de ánimo. Todo un bosque de buenos deseos. Todo un legado para la compañía.

El legado es el sentimiento de trascendencia de las acciones que realizamos. Es decir, de ir un paso más allá, de sobresalir, de superar una limitación establecida o de mejorar las condiciones colectivas. El modelo del legado viene a provocar la satisfacción del acto realizado como parte de un acto mayor o posterior. Asistir a un evento para poder decirse «yo estuve allí», participar en una actividad y pasados los años saberse responsable del resultado, realizar un acto para liderar con el ejemplo en la búsqueda de la réplica de otras personas son acciones propias de este modelo.

El motivador intrínseco fundamentado en el legado recoge, por lo tanto, el sentimiento de utilidad individual y lo transforma en algo supremo. El individuo deja de sentirse útil para convertirse en elemento necesario de algo meritorio.

«Cuando ya no estés en este equipo, en esta compañía o en esta vida, ¿por qué te gustaría ser recordado?» De esa manera tan sencilla suelo comenzar un proceso de motivación basado en la trascendencia. Con esta pregunta consigues reubicar a la persona en cuestión respecto a su visión y planteamiento de la tarea y comienza un planteamiento en el que el legado toma presencia.

«¿En qué ayudaría eso a otros?» Es la segunda intervención. La búsqueda del compromiso ético de las personas con su entorno y su responsabilidad. Una parte del proceso que conlleva un ejercicio de visualización necesaria que, sin duda, ayudará a fomentar el proceso de motivación interna.

Con un *«¿Cómo vas a conseguirlo?»* cierro la tríada de preguntas que conlleva compromiso y acción. Evidentemente las excusas, los impedimentos o las evasiones no son respuestas válidas. Ahora es el turno de movimientos concretos y perseverantes.

El modelo del legado tiene además un elemento fascinante, que es el de la estimulación de lo memorable. Al haber creado un escenario idílico con una foto tangible de esa trascendencia, puede recurrirse a este elemento a través de palabras concretas para mantener el estímulo activo y, por ende, la motivación. Por ejemplo, en el caso de la papelera no es raro encontrar a quien motiva a través del legado utilizando el bosque, como concepto o incluso paseando por él. Gasolina para nuestra motivación intrínseca. Todos queremos ser recordados por algo bueno.

28. EL MODELO DEL HONOR

Honor y reputación van estrechamente relacionados y son dos motivadores intrínsecos poderosos. Ambos son percepciones interiores de una visión externa de nosotros mismos, por lo que si bien podrían ser analizados como motivadores extrínsecos, vamos a centrarnos en lo que nuestra cabeza decide recrear y alimentar en la generación de ambos elementos.

En la final de gimnasia por equipos masculinos de los Juegos Olímpicos de Montreal de 1976, el japonés Shun Fujimoto se fracturó la rótula durante su rutina de suelo. El equipo japonés disputaba el primer puesto con la Unión Soviética, por lo que si Fujimoto no podía continuar, el equipo japonés tendría pocas oportunidades de conseguir la victoria. Para la última prueba, el gimnasta pidió a su médico un fuerte anestésico, ya que en las anillas la salida consiste en un salto y se debe caer con los pies a la vez, algo impensable para quien tiene esa fractura. Sin embargo, eso se consideraría dopaje y, por lo tanto, estaba descartada como opción. Fujimoto sabía que el dolor iba a ser brutal, y aun así realizó un ejercicio perfecto en el aire, buscando los movimientos precisos y las figuras más puntuadas. Sin embargo, lo más sorprendente vino en el remate de su rutina de anillas, cuando pese a todo lo esperable, se atrevió con un doble mortal con tirabuzón. Quienes vieron ese momento lo recordarán como el acto de mayor valor de la historia de la gimnasia olímpica. Fujimoto terminó en el hospital, pero su valentía inspiró al equipo japonés para ganar el oro y, aún a día de hoy, se utiliza para inspirar al combinado nipón en las citas deportivas.

También en Japón, Kongō Gumi había sido la empresa más longeva de la historia. Fundada en el año 578, había permanecido abierta más de 1.400 años. Cuarenta generaciones de Kongō presidieron orgullosos esta cadena hotelera que, desgraciadamente, tras unas nefastas inversiones en activos inmobiliarios y la eliminación de los subsidios en la construcción de templos del Gobierno japonés fue absorbida en el 2006 tras presentar una quiebra técnica. Masakazu Kongō, el quincuagésimo director de esta compañía, fue repudiado por la familia, es una persona poco honorable para la sociedad y, sin embargo, lleva la última década luchando por conseguir que la compañía vuelva a ser independiente de la firma que la compró.

El honor o la reputación como motor de nuestras acciones es infinito. Pero no sólo en Japón, donde la sociedad tiene unos fuertes valores enraizados con la pertenencia al grupo, el legado o la posición social, sino en toda sociedad organizada. Fujimoto quedará como un héroe y Kongō como un villano, pero ambos llevan sus acciones al límite basados en una motivación intrínseca inspirada en el honor.

¿Qué crees que esperan de ti? ¿Qué esperas tú de ti mismo? ¿Cuál es tu mejor versión? ¿Qué aportas al equipo? ¿Cuál es la virtud por la que vas a destacar? Todas estas preguntas sirven para generar ese sentimiento de lucha por la reputación deseada. Pero no las centres en el futuro, como hemos visto en el modelo del legado, ni en el pasado, como abordaremos en la venganza. Se trata del hoy, de lo que la persona puede hacer y cómo desea ser percibido. Tampoco se trata de generar un sueño o de buscar una redención, sino de ser capaces de honrar nuestras acciones y pensamientos. Nuestros actos son la firma por la que seremos juzgados. O como suelo decir, alguien tiene la suficiente confianza en su producto, o servicio, cuando es capaz de ponerle su nombre. ¿Tú serías capaz de poner tu nombre al producto tangible que vendes?

29. EL MODELO DE LA VENGANZA

Podría parecer que la venganza es un elemento negativo y que éstos están reñidos con la motivación; sin embargo, el objetivo de este libro es abordar todos los elementos útiles y prácticos en tan noble arte como es el de provocar que las cosas sucedan. La política exterior de algunos países, el revanchismo deportivo, el movimiento fan de algunos grupos musicales o algunos roles clásicos del cine deben su éxito a este fenómeno. Tenlo claro: la venganza es, en ocasiones, un gran motivador. Quien se quiere vengar encontrará en su interior la fuerza necesaria para desempeñar esa labor, por titánica que sea.

«Hola, mi nombre es Iñigo Montoya. Tú mataste a mi padre. Prepárate a morir», esta memorable sentencia del espadachín español del libro *La princesa prometida*, de William Goldman, que popularizó Mandy Patinkin en la película homónima de Rob Reiner, simboliza a la perfección este sentimiento. La venganza como motor de la acción. Replicada hasta la saciedad en infinidad de personajes, así como en la vida real.

Ahora bien, ¿acaso cuando un entrenador recuerda a su equipo lo que pasó el año anterior con el adversario no está utilizando el modelo de la venganza? ¿Y cuando un equipo laboral presenta un proyecto ante quien perdió un concurso anteriormente? ¿O cuando alguien se presenta a un examen queriendo demostrar al profesor que se equivocó? ¿No les mueve la venganza? Sí. Por suerte, éste es un motivador intrínseco de los más poderosos que existen: la búsqueda de la redención.

Aunque cuidado, no estamos hablando de generar ira, dolor o malestar en quienes queremos motivar, sino actuar sobre el orgullo y crear un escenario de redención en el que sus malas actuaciones pasadas, o las situaciones consideradas injustas, se vean compensadas gracias a una nueva oportunidad. Porque es ahí donde radica la puerta de este modelo, en la oportunidad otorgada de poner orden interno ante aquello que nos hizo padecer en el pasado.

El enemigo común

Este escenario es sencillo si tienes localizado el punto débil o el miedo mayoritario en las personas que debes motivar y sutilmente lo pones en relieve personalizado en alguien concreto.

Quien mete gana

A veces la competencia ha sido mejor en demasiadas ocasiones. Entonces recordé que en ocasiones y tras largas partidas al futbolín en mi barrio, de repente alguien decía: «Quien mete gana», y daba igual el marcador anterior, sencillamente aquel último gol se convertía en una batalla a muerte. Crea esa conciencia grupal de que la última oportunidad será la recordada por todos, y construye desde ella ese sentimiento de redención. Ése será el pie para transformar el conformismo o la creencia establecida del fracaso predecible en la motivación intrínseca necesaria en la búsqueda de la venganza.

El viejo anuario

A todo el mundo le gusta encontrarse con sus antiguos compañeros de instituto y verles envejecidos. Es una deliciosa maldad con la que todos fantaseamos y de la que no siempre salimos victoriosos, claro. Sin embargo, ese concepto de sobresalir, o incluso de ser aceptado ahora por lo que en su día se fue ninguneado, es otro de los elementos poderosos cuando se habla del modelo de la venganza motivacional.

Canalizar la venganza, provocar el sentimiento de redención y estimular el sentimiento de una nueva oportunidad son elementos positivos que nos ayudarán a generar una motivación intrínseca duradera, perseverante y enérgica. No te limites a hablar de unicornios y arcoíris, desde el dolor o el pesar pueden construirse grandes proezas y motivaciones.

30. EL MODELO DEL MIEDO

Si todo nace en el cerebro, la amígdala es el botón de emergencia. Cuando percibimos un peligro, este órgano provoca una señal de alerta que envía inmediatamente al resto del cuerpo. Incluso, en ocasiones, el sistema es capaz de activar la respuesta antes de que seamos conscientes del peligro. Acto seguido, y de manera instantánea, se provoca una acción. Lo que acaba de suceder es que hemos vivido en nuestro cuerpo el funcionamiento del miedo como motivador.

No renuncies al miedo, sino al bloqueo que éste pudiera provocar. El miedo es una llamada a la acción. Es un recurso muy poderoso para motivar, siempre que encontremos una solución a la que acudir rápidamente. El miedo es utilizado por vendedores, «Si no compra este seguro le puede pasar algo»; por padres, «Como no hagas lo que te he pedido, hablaremos tú y yo»; incluso por amantes, «¿De verdad

MIEDO PRINCIPAL	MOTIVACIÓN ASOCIADA	ALGUNOS MIEDOS DERIVADOS
No supervivencia	Necesidades básicas	Miedo a perder el trabajo Miedo a no llegar a fin de mes
Rechazo	Afiliación	Miedo a ser distinto Miedo al éxito o a destacar Miedo a relacionarse con las personas
Fracaso	Logro	Miedo al error Miedo a asumir riesgos Miedo a tomar decisiones Miedo a no ser reconocido por el trabajo
Pérdida de poder	Poder - Influencia	Miedo a perder un puesto de influencia Miedo a no ser reconocido socialmente
Cambio	Todas las anteriores	Miedo a un cambio de función Miedo a un cambio de localización

quieres aparecer en casa de mi hermano sin una botella de vino?». Pero lo más preocupante es que el miedo ha sido tradicionalmente utilizado por jefes como la forma más sencilla de provocar una motivación a corto plazo, así como por manipuladores utilizándolo como chantaje emocional.

Podría hablarte del «circuito del miedo» o de que nuestra reacción ante él está predefinida por la evitación activa o pasiva del dolor, así como por el enfrentamiento activo o pasivo. Podría hablarte de las causas biológicas, psicológicas o sociales. Pero la visión pragmática de esta obra me lleva a plantearte un itinerario para el uso del miedo como motivador:

Activa la amígdala. En ocasiones nos acomodamos en situaciones que nos hacen perder el sentido de alerta, bien sea por sentirnos excesivamente protegidos, bien por conocer en exceso la situación en la que nos desarrollamos. Es el momento de que el miedo haga acto de presencia con pensamientos tipo: «¿Qué puedes estar provocando?», «¿Qué es lo peor que podría pasar?», o «¿Qué es lo que no quieres que suceda?».

Neutraliza el miedo. Una vez creado, no dejes que se esparza como un virus y recuerda que buscas la solución a la amenaza, no que la amenaza paralice todo el sistema. Para ello, conversa y actúa entendiendo las repercusiones del miedo en cada individuo. Reflexiona: «¿Qué supone realmente esto para ti?», «¿Dónde reside el miedo?», o «¿Estás preparado para enfrentarte a ello?».

Acepta el miedo. Paso aparentemente sencillo, pero es de vital importancia que el miedo pueda razonarse, y no se plantee como algo meramente emocional. Aceptar que se tiene miedo a algo es el inicio de la acción consciente y, por lo tanto, de la adquisición de un nuevo hábito.

Buscar aliados o nuevas rutinas. Encontrar apoyos que sirvan como bastones frente al miedo garantizará que el bloqueo frente a la amenaza no ocurra. La propia búsqueda de acciones diferenciales o de personas que nos ayuden ya es en sí misma un acto de motivación positiva. Provoca respuestas ante preguntas tipo: «¿Qué puedo hacer para combatir esta situación?», «¿Qué está en mi mano?», o «¿Quién puede ayudarme a que esta alarma desaparezca?».

Enfréntate al miedo. Procede a desactivar la alarma gracias a los apoyos del paso anterior y actúa con flexibilidad y aprendizaje continuo hasta que encuentres la solución definitiva a esa situación de emergencia. Actúa respondiendo a: «¿Qué, cómo, cuándo y con quién he de hacer?», y, sobre todo, «¿Cuál es el primer paso?».

Celebra los éxitos. Tras el éxito, acostumbra a agradecer a quienes te han acompañado, celebra la conquista y, como no puede ser de otra manera, prepárate para activar de nuevo la amígdala. No temas ante el miedo como motivador.

PARTE 3

MOTIVADORES EXTRÍNSECOS

INTRODUCCIÓN

La motivación extrínseca se fundamenta en los impulsos que generan una acción por la recompensa que se obtiene al realizarla. No es necesario un disfrute o satisfacción mientras se realiza, puesto que el solo hecho de pensar en la recompensa nos genera satisfacción. Por ejemplo, si lees este libro para poder ascender en tu trabajo, o por adquirir más poder con tu equipo, o incluso si lo haces para poder superar un examen, lo estarás haciendo por motivación extrínseca. Te motiva el hecho de obtener unas consecuencias externas que te serán aportadas y, por lo tanto, activarás la motivación sobre la acción.

En la motivación extrínseca, la persona es un sujeto activo por compensación; es decir, busca la compensación de realizar la acción a cambio del beneficio que obtendrá posteriormente. Como se puede comprender, la motivación intrínseca es complementaria con ésta, ya que si bien la derivada de la recompensa puede servirnos para iniciar una acción, la intrínseca nos permitirá disfrutar de la acción en sí misma y, por lo tanto, provocar que sea más duradera.

En *Self Determination: Theory and the Facilitation of Intrinsic Motivation, Social Development and Well-Being* (1985) Deci y Ryan describen cuatro estadios de motivación extrínseca:

1. En un principio la motivación regulada externamente: No existe autonomía y se hace porque alguien nos lo pide o porque esperamos una recompensa.

2. Sigue la motivación introyectada: El objetivo sigue siendo cumplir una demanda externa, pero la recompensa es interna. Tiene que ver con el mantenimiento de la autoestima, con alegrarse por ser capaz de hacer algo que nos piden, pero no tiene autonomía.

3. Motivación regulada por identificación: Se sigue realizando por algo externo, pero cuenta con mayor autonomía y capacidad de tomar decisiones para llegar a ella.

4. Motivación por integración: Es el tipo de motivación extrínse-

ca más parecida a la intrínseca. Se logra cuando la persona asimila los objetivos como propios y acordes a su sistema de valores, además de tener una gran autonomía. Sigue sin ser intrínseca porque la tarea no se realiza por el propio disfrute de ésta, pero consigue mejores resultados que cualquier otro estadio de motivación extrínseca.

De hecho, podría parecer que la motivación extrínseca per se fuese negativa o insuficiente, pero no tiene por qué ser así. Es más, bien utilizada será básica para comenzar con una primera acción que nos lleve al logro final. Por ello, en este capítulo quiero compartir contigo algunos de mis modelos más relevantes para su comprensión y activación. Trabajar el poder, el amor, la libertad, el miedo, el reto o el apoyo, así como herramientas concretas como gestionar la ciencia motivadora, el liderazgo o el modelo del *coach* te ayudarán a dominar todo lo necesario para ser alguien motivado y motivador.

La motivación extrínseca no significa necesariamente que una persona no busque la satisfacción de la tarea. Sólo quiere decir que las recompensas externas son suficientes para mantener a una persona motivada. Un trabajador motivado extrínsecamente, por ejemplo, puede que disfrute de su trabajo y los éxitos que consigue en cada momento, pero si no ve una recompensa ante su excelencia, seguramente su capacidad de motivación vaya disminuyendo y su atracción por ser excelente en el trabajo desaparezca poco a poco. Un alumno motivado extrínsecamente buscará disfrutar con la tarea en cuestión, pero se frustrará si no consigue la nota más alta posible. Si no quieres caer en ser objeto de la famosa sentencia del «nadie te agradece nada», desarrolla, genera y destapa la motivación extrínseca, pues es más eficaz y ayudará a generar un primer paso en ti y en tus equipos de trabajo.

31. EL MODELO DEL PODER

Querer tener poder. Una afirmación con tres infinitivos posesivos que nos potencian y motivan, siempre y cuando sepamos dominarlos. Una única frase que sirve de filosofía para encontrar la motivación necesaria en las acciones del día a día. Abraham Lincoln pronunció: «Casi todos podemos soportar la adversidad, pero si queréis probar el carácter de un hombre, dadle poder». Y pese a las dificultades que su gestión suele provocar, es rara la persona que no ansía querer tener poder. Al menos en una pequeña parcela.

No obstante, el poder no representa lo mismo para todo el mundo. Existen personas que identifican el poder con la capacidad de influir en otros, o incluso que cuantifican el poder según el número de personas que tiene como subordinados. Para algunos el poder tiene relación directa con la capacidad financiera, o de elección. Y, por supuesto, existen quienes vinculan el poder con la trascendencia de sus actos, o el respeto generado. Cada persona creará un rol de poder según sus propias consideraciones.

Ahora bien, existen dos fundamentos que suelen verse enfrentados cuando mencionamos este concepto: el poder y la autoridad. Ambos son dos elementos que deben ir de la mano, debido a que un líder motivador debe siempre tener el poder de la situación, mientras influye en las personas con una buena autoridad. Es por eso que si queremos motivar a nuestros equipos con el modelo de poder, deberemos inducirles a aquellos campos en los que se vaya desarrollando su capacidad, y que respondan a las tipologías que veremos a continuación.

Los diferentes tipos de poder son:
- *Poder de experto:* Es aquella influencia que se obtiene como resultado de la experiencia, habilidad especial o conocimiento.
- *Poder referente o de referencia:* Se basa en la identificación con una persona que tiene los recursos o rasgos que uno cree que son de-

seables, surge de la admiración de otro y del deseo de ser como esa persona.
- *Poder de recompensa:* El poder también puede ser producto de la capacidad de una persona para otorgar recompensa.
- *Poder coercitivo:* Es el de castigar, ya sea despidiendo al subordinado o negando el reconocimiento de sus méritos.
- *Poder legítimo o del puesto:* Representa el poder que uno recibe como resultado de su posición en una jerarquía formal.

Los tipos de autoridad son los siguientes:
- *Autoridad tradicional:* Es la que tiene un jefe para dirigir el trabajo de un subordinado. Se corresponde con la aceptación de ser influidos por las directrices de alguien, únicamente por su posición jerárquica.
- *Autoridad carismática:* Las personas asumen la influencia de una persona y sus directrices por la capacidad persuasiva y de magnetismo que tiene una persona. Sea superior en la jerarquía o no.
- *Autoridad racional:* Se basa en la influencia por conocimiento. Es la autoridad meritocrática o técnica.

Alcanza el equilibrio correcto con estos cuatro elementos:

Delegación. Cuando una persona siente la confianza de recibir unas tareas bien asignadas, con formación suficiente, objetivos claros y el seguimiento oportuno, puede ver aumentada su sensación de poder.

Legitimación. Si alguien percibe que sus palabras o acciones están apoyadas por sus superiores o por su equipo, suele tender a proyectar poder y autoridad, y ésta puede ser canalizada hacia la tipología apropiada.

Reconocimiento. Toda persona que es reconocida por sus méritos genera un aumento de la motivación. Al igual que el agradecimiento.

Plan de carrera. El modelo de poder no tiene sentido si no existe en los equipos un claro itinerario de sucesión, ascensos y recompensas. Nunca mientas prometiendo lo que no se va a cumplir.

32. EL MODELO DEL AMOR

El amor es lo que hace que el mundo se mueva de manera sana. Y, a su vez, es la mayor fuente de energía que existe. Todo el mundo quiere sentir el amor de quienes le rodean. Por muy tímidos, inaccesibles o asociales que sean, toda persona busca ser amada.

Sin embargo, vivimos en una sociedad que está poco acostumbrada a generar conversaciones que giren alrededor de las emociones interpersonales positivas. Sobre todo en el trabajo. Y el resultado es que los agradecimientos suelen escasear, también la asunción de responsabilidades y disculpas, así como son nulas las demostraciones de amor no romántico. Precisamente por eso tiene tanto impacto en quien recibe dichas palabras.

Dar las gracias, pedir disculpas y demostrar que queremos a otra persona por algo en particular nos convierte en personas únicas capaces de derribar enormes estigmas sociales. Asumimos unos prejuicios que nos marcan con creencias como que aquella persona que da las gracias se siente en deuda, quien reconoce un error es vulnerable y quien dice «te quiero» busca una relación romántica. Patrañas inventadas por disléxicos emocionales que se formaron en los principios teóricos y económicos de antaño, en los que se buscaban clones racionales y productivos, no líderes que guiasen a personas a construir su mejor versión.

Prueba a hacer esto con la persona que quieras motivar:

1. Una vez que haya llegado a un compromiso y definido su objetivo, dale las gracias por la valentía y la decisión tomada. Este potenciador desarrollará el motivador interior y confiará en ti como alguien que le acompañará en el recorrido.

2. Si no llega a cumplir en alguna de sus fases, pide disculpas y pregunta qué podías haber hecho tú para ayudarle. Esto no es para desarrollar la creencia de que la responsabilidad es tuya, sino para que nuestro interlocutor comprenda que somos parte esencial de ese ca-

mino y se sienta apoyado. Por supuesto, en este paso debes hábilmente devolverle su planteamiento y volver a pactar un nuevo escenario.

3. Cuando ves que la persona que debes motivar realiza un esfuerzo para conseguir esa meta, comparte un mensaje de amor en el que honres su esfuerzo. Un «Me gusta que seas consecuente y que hoy hayas comenzado a X» valdría, pero te animo a que intentes un «Siento mucho orgullo por ti», «Admiro tu capacidad», o incluso «Me siento afortunado con alguien tan capaz como tú».

Motivar desde el amor es lo más influyente que podemos hacer..., ¡y lo más revolucionario! Sin zanahorias y sin palos, como prometí al comienzo del libro.

Por último, llevemos esta técnica al último nivel para motivarnos a nosotros mismos. De ese modo podremos ejecutar a la perfección esta herramienta y sentirnos en plenitud. Recuerda que éste y el resto de los potenciadores discursivos que he creado y compartido contigo serán los responsables de fijar el compromiso y la perdurabilidad de nuestra decisión. No permitas que la gran motivación se diluya por no haber armado un buen discurso con el que fijarlo en la mente. Ni en otros, ni en ti.

Por lo tanto, utiliza esta herramienta contigo mismo y asume que:

1. Debes darte las gracias cada día por haber sido capaz de avanzar hasta tu objetivo. Asumir tu vulnerabilidad y superar los inconvenientes. Agradecerte los elementos concretos que hayas realizado. Y recuerda que en el agradecimiento debes incluir el «para qué» te ha servido la acción. Con ello anclas y refuerzas la decisión y te será más sencillo convertirla en una rutina. Por ejemplo, hoy puedes darte las gracias por haber leído este libro e invertido conscientemente en tu capacidad de motivación.

2. Reconoce tu responsabilidad en aquello que no hayas hecho o no haya generado las consecuencias que habías planeado. Discúlpa-

te a ti mismo y no te machaques. Sencillamente piensa en cómo conseguirás que ese contratiempo no se convierta en un lastre que conlleve el fin de tu objetivo. Acuerda contigo un nuevo trato y busca, en caso de que sea necesario, alguien que te ayude a cumplirlo.

3. Quiérete. Sí, así de sencillo. Dedícate cada día unas palabras de amor a ti mismo y reconoce aquello que hayas demostrado ese día. Para no caer en el narcisismo, recoge reflexiones sobre actos realizados verdaderamente y tras disfrutarlos en tu cabeza, como un resumen de los mejores momentos de tu día, remata con una frase en tu mente: «Te quiero por ser así».

Existe un proverbio italiano que dice que el amor y la tos no pueden ocultarse, así que haz que se note de manera escandalosa. Ama y muestra el amor por los tuyos.

33. EL MODELO DEL RETO

La motivación extrínseca funciona desde dos ejes: el de apoyo y el de reto. Son elementos que debemos saber equilibrar y compensar. Existen personas que requieren más apoyo (amor) para estimular sus acciones, y hay quienes requieren más del reto (objetivos) para conseguir su energía. Nadie requiere exclusivamente una de las dos variables, pese a que parezca lo contrario.

El reto va muy unido a la transformación, puesto que cuando no podemos enfrentarnos de manera victoriosa a un objetivo, la única manera de superarlo es mejorarnos o transformarnos. Ser mejores en la búsqueda de un entorno menos hostil.

Por eso, y sin olvidar el amor, se debe implantar el reto como la necesidad de superación personal ante nuestros límites conocidos. Somos felices cuando alcanzamos un hito que un tiempo atrás parecía imposible. Nos sentimos fuertes cuando hemos superado un desafío que nos hacía dudar de nosotros mismos. Sube nuestra autoestima al enfrentarnos con éxito a una hazaña. En definitiva, el uso del reto nos inyecta una motivación, sana y estimulante. El reto alcanzable es vida, impulso y energía.

Una de las fórmulas más eficaces a la hora establecernos retos es el lienzo del cambio. En este ejercicio escribe dos columnas y rellena la primera planteándote qué sientes, qué haces y qué piensas respecto a una situación. En la segunda hazlo respondiendo a: «¿Qué te gustaría sentir, hacer y pensar respecto a esa misma situación?».

Toda respuesta es válida siempre y cuando lo pases por el filtro final de la pregunta «¿Qué está en mi mano hacer?», y de ese modo tan sencillo ya tienes un plan de acción o un reto.

34. EL MODELO DEL APOYO

Como equilibrio al reto, está el apoyo. Este motivador fundamentado en el amor debe tener siempre presente la exigencia y la tendencia hacia la excelencia. Es decir, debemos apoyar a nuestros equipos, así como a nosotros mismos, buscando el significado en nuestros actos de la propia etimología de la palabra (*ad podium*): dirigimos hacia el pedestal.

El apoyo se puede alcanzar de dos formas: ofreciendo herramientas, formación, presupuesto o todo aquello que se vaya a necesitar para superar un reto o actividad; o realizando un ejercicio emocional en el que la persona que hay que motivar sienta un aliento de refuerzo, ayuda y confianza. Ambos son importantes, y la falta de alguno de ellos suele generar procesos de desmotivación provocados por la frustración.

Sentirse apoyado es sentirse parte de algo más grande, es percibir seguridad, certidumbre y tranquilidad.

La mejor forma de darle apoyo emocional a alguien durante una conversación es escuchar atentamente lo que dice sin interrumpirle. Escuchar sin ofrecer soluciones, ni contarle tus propias historias relacionadas con lo que está diciendo. Ser paciente, no proyectar tus miedos personales sobre la otra persona: esa persona no eres tú. Abrir el corazón. Darle tiempo para que a medida que vaya hablando pueda encontrar lo que de verdad le pasa y sus propias soluciones. Cuando te toque hablar a ti, sé humilde. No te dejes arrastrar ciegamente ni por la tristeza ni por la euforia de la otra persona. Equilibrio sabio y muy cálido. La mejor forma de apoyar y de acompañar es no juzgar. Y sí, un buen abrazo ayuda mucho.

La mejor forma de apoyarnos a nosotros mismos es creer en lo que hacemos, reforzar nuestros valores y hablarnos cada día como nos gustaría que nos hablase el ser más importante de este mundo.

LO SIENTO

1. _____
2. _____
3. _____

GRACIAS

1. _____
2. _____
3. _____

TE QUIERO

1. _____
2. _____
3. _____

¿DÓNDE SITUARÍAS A CADA PERSONA DE TU VIDA?

- Tus padres
- Tu amigo/a
- Tu pareja
- Tu jefe/a
- Tu ex
- Tu hermano/a
- Tu vecino/a
- Tu compañero/a de trabajo

35. EL MODELO DE LA LIBERTAD

Platón aseguraba que la libertad está en ser dueños de nuestra propia vida. Sin más. Sin artificios ni palabras grandilocuentes. Sencillamente, siendo quienes tomamos decisiones con la posibilidad de elección intacta.

La libertad es uno de estos conceptos que el ser humano ansía desde sus albores. Pero no quiero hablarte de conceptos filosóficos o etéreos, sino de la autonomía superior. Es decir, la libre determinación, la individualidad o la autonomía sujetas a una autoridad superior. El modelo de la libertad tiene su raíz en el dominio de nuestro tiempo y nuestras acciones. Por lo tanto, sentiremos una motivación extrínseca cuando aquello que se ejecute permita poseer más tiempo o más capacidad de decisión.

Elegir nuestro camino, decir lo que deseamos, hacer lo que nuestro cuerpo bendiga, honrar nuestras apetencias sin lastres sociales o culturales nos ayudará en nuestras vidas. El teletrabajo, los horarios abiertos, la autodefinición de objetivos, la organización por prioridades, el análisis de objetivos o la flexibilidad en los procedimientos incitan a la sensación de libertad laboral y, por lo tanto, nos ayudarán en nuestros trabajos.

Ahora bien, la libertad como motivador debe ser siempre bien entendida. Este modelo se basa en ser dueños de nuestras vidas, no en su desaprovechamiento. La motivación requiere objetivos, una realidad que modificar y una persona que desee transformarse. Ofrecer y estimular la libertad no debe asociarse con la falta de seguimiento o rendimiento hacia nuestras metas.

La libertad, como clave para retener el talento en los equipos de trabajo, se puede generar con algunas acciones como:

Persigue horas eficaces, no en el puesto de trabajo. La flexibilidad de horarios en aras de un reto aumenta un 21 por ciento la productividad, según un estudio del IESE Business School.

Preocuparse por la calidad de vida. Colaborar apoyando para que la vida personal e incluso laboral sea más cómoda y confortable es fundamental. No se trata sólo de poner restaurantes, guarderías o gimnasios en las oficinas. A veces basta con cuidar la luz, la temperatura o la comodidad de las sillas.

Comunicación fluida. Si en tus equipos la gente no habla con transparencia de lo que le sucede en sus trabajos contigo..., no tiene libertad. Asume los *feedback* como algo positivo y agradece incluso aquello que no te guste escuchar.

Promueve una cadena de talento. La gente talentosa suele conocer a otros similares. Anímales a que incorporen a tu equipo a estas personas e incluso, si puedes permitírtelo, incentívales con alguna recompensa por ello. Quien se rodea de personas brillantes es normal que parezca que tiene luz propia.

Concede libertades. Huye de la burocracia ante cualquier acción. De los excesivos permisos, autorizaciones y requisitos. Atribuye a los equipos la libertad de tomar decisiones y ve aumentando la capacidad de riesgo según vayan dominando la libertad de decisión (algo para lo que no nos enseña nadie).

Retén con creatividad. Deja que cada miembro del equipo tenga su cuota de poder de decisión eligiendo en algunos periodos qué desea hacer o qué desea investigar. De este modo fluirá la creatividad y además de poder desarrollar nuevas creaciones, mensajes y productos, sentirá en su piel el modelo de la libertad.

«La libertad, Sancho, es uno de los más preciosos dones que a los hombres dieron los cielos; con ella no pueden igualarse los tesoros que encierran la tierra y el mar: por la libertad, así como por la honra, se puede y debe aventurar la vida.» Miguel de Cervantes en su obra *El Quijote de la Mancha*.

36. EL MODELO DE RECONOCIMIENTO Y RECOMPENSA

Nunca dejamos de experimentar la necesidad de sentirnos valorados y recompensados por nuestras acciones, incluso cuando nos sentimos independientes y autosuficientes. En todo lo que hacemos esperamos un reconocimiento o recompensa, desde el sentimiento más altruista, en el que se llega a la satisfacción a través del éxito de la otra persona, hasta el egoísta, que se centra en el beneficio propio de cada acción.

Desde una perspectiva individual, las recompensas deben ser suficientes para satisfacer las necesidades del equipo. De no ser así, las personas no estarán contentas ni satisfechas en la organización, ya que tienden a comparar los sistemas de recompensas con los de otras organizaciones e incluso con la ejecución equitativa con los compañeros, como decía Adams en su teoría. Por ello es importante que los sistemas de recompensas sean diseñados de acuerdo con las necesidades de los individuos, y así mejorarán cuatro aspectos de la eficacia organizacional:

- Motivar al personal a unirse a la organización.
- Influir sobre los trabajadores para que acudan a su trabajo.
- Motivar para actuar de manera eficaz.
- Reforzar la estructura de la organización para especificar la posición de sus diferentes miembros.

Algunas de las formas más eficientes de un reconocimiento no cuestan nada. Unas palabras de agradecimiento dichas sinceramente por parte de la persona apropiada, en el momento oportuno, pueden significar más para una persona que un aumento de sueldo. Y pese a que algunas personas busquen la fama y ser famosas como reconocimiento, la mayor parte de las personas aspiran sencillamente a que se les reconozca una acción bien ejecutada.

Un buen ejemplo de reconocimiento sería el siguiente:

Por cada cuatro recompensas informales (por ejemplo un «buen trabajo o un muchas gracias»), debe entregarse un reconocimiento un poco más formal (por ejemplo, un día libre remunerado); y por cada cuatro recompensas formales, debe darse uno todavía más formal (por ejemplo, una placa o un elogio en público durante alguna reunión de la empresa), y así sucesivamente hasta llegar a aumentos de sueldo, ascenso y asignaciones especiales.

Si lo que deseamos es potenciar los incentivos no monetarios más allá de los reconocimientos públicos y los agradecimientos, es decir, establecer un sistema de recompensa cualitativo, existen algunas medidas que podemos llevar a cabo:

Conciliación familiar

Dar la opción al equipo de tener un horario flexible y que les permita conciliar su vida familiar con el trabajo será un incentivo muy fuerte. Puedes plantear a los trabajadores que tengan mayor rendimiento que **sean ellos quienes diseñen su propio horario**. Durante un mes, por ejemplo, ofréceles un intervalo de horas de trabajo que ellos puedan elegir y permíteles que las organicen como ellos prefieran.

Viajes

Los viajes son los **incentivos laborales** clásicos para el personal de ventas. Elige un centro turístico y planea una sesión de formación especial allí. Luego, estimula a tu personal para que logre las metas de ventas antes de ir. Mezcla negocios con placer en estos viajes; da al equipo una posibilidad de relajarse además de aprender nuevas técnicas.

Tiempo libre

Cuando no tienes mucho dinero para gastar en incentivos, pero aun así quieres hacer algo para levantar la moral, considera dar tiempo libre extra al equipo. Un día adicional sumado a sus vacaciones cuesta muy poco dinero, y a ellos les sentará muy bien.

Regalos

Los objetos como camisetas, relojes o aparatos de música también pueden servir como un buen incentivo para los empleados. El empleado gana una cierta cantidad de puntos por tareas específicas, los que luego puede «canjear» para comprar los objetos que necesite.

Formación

Actualmente, en una era en la que el acceso al conocimiento es totalmente necesario para aportar valor a la empresa, el hecho de que la propia compañía incentive a sus empleados a formarse adecuadamente es algo que aporta mucho al equipo. Una de las formas que se está erigiendo como más eficaz y fidelizadora del talento interno es precisamente que la propia empresa pueda costear la totalidad, o una parte, de una formación de cierto nivel, como puede ser, por ejemplo, un MBA.

Incentivos para empleados dentro de la oficina

Puedes animar a tus empleados ofreciéndoles incentivos *at office*. Por ejemplo, puedes ofrecerles un peluquero, un yogui o un masajista dentro de la oficina para ayudarles a aliviar el estrés del trabajo diario. Otra opción es incluir elementos de ocio dentro de la oficina, como futbolines o cualquier otra solución que ayude a desconectar un poco y a coger energía.

Comidas subvencionadas

Ya sea con un restaurante o cantina propios donde los trabajadores puedan comer de manera sana y a muy bajo precio, o bien negociando con algún restaurante local el precio de los menús. En equipos que tienen horarios partidos será bien recibido y, además, estimulará las relaciones de la teoría Z de Ouchi.

Lo que desees, con mis condiciones

Por último, existe una fórmula de generar incentivos que es la base de toda buena negociación. Abre un proceso de conversación en la que sea el equipo el que proponga qué desea obtener tras su acción. Según lo que ellos hayan dispuesto, establece por tu parte unas condiciones equitativas.

Eso sí..., hagas lo que hagas, ¡cumple tu palabra!

PD.: Del dinero no hemos hablado, pero es que... todo el mundo sabe motivar a base de dinero, ¿no? Antes de responder observa este gráfico y analiza el nivel de salario que tienes y ofreces:

TIPOS DE NIVEL SALARIAL

	Si se obtiene:	Si no se alcanza:
ASPIRACIONAL (Aquello que deseamos, aun realizando tareas añadidas)	🙂	🙁
SOCIAL (Es el comparativo con otras personas en puestos similares)	🙂🙂	🙁🙁🙁
EQUITATIVO (Responde al sentimiento de justicia entre lo que hago y me pagan)	🙂🙂🙂	🙁🙁🙁🙁
HIGIÉNICO (Cubre las necesidades básicas de subsistencia)	🙂🙂🙂🙂	🙁🙁🙁🙁🙁

* 🙂 Nivel motivacional
🙁 Nivel desmotivacional

37. EL MODELO DE LA REPUTACIÓN

Últimamente habrás oído hablar en innumerables lugares de la dichosa «marca personal». Esa percepción que tiene el resto de la humanidad de una persona, según lo que sus actos proyecten de ella. Pues bien, el concepto de reputación desde la motivación es el deseo de que quienes observan nuestra obra admiren la profesionalidad que esconde y pronuncien buenas palabras de nosotros. No por vanidad, sino bajo un parámetro de reconocimiento. Algo así como el reforzamiento de Skinner o la cúspide de la pirámide de Maslow.

La reputación es esencial si lo que queremos es crear un equipo con autoestima, aceptación, seguridad, solvencia y energía renovada. Porque, al fin y al cabo, todo el mundo desea saberse bueno, aunque muchas personas tienen un pequeño ser en su cabeza que les dice constantemente lo malos que son. De ahí que debamos generar un discurso apreciativo en el que pongamos en valor ante el resto del equipo, la organización y otras empresas, el valor individual de las aportaciones de nuestro equipo.

No le temas a crear personas con trascendencia o con mejor reputación que la tuya. Si estas personas han aprendido bien, te honrarán allá donde vayan y lleguen. Y si no, nunca han merecido la pena, pero no serás tú quien tenga que retirar la mirada si os encontráis en una fiesta. Tampoco bases la reputación en el «postureo» del qué dirán, puesto que esto acaba sometiendo al mejor profesional a una inagotable carrera por la aceptación externa.

Sencillamente, otorga valor para que cada persona sienta orgullo de su propio trabajo, de sus propios valores y de sus decisiones. Haz que el resto vea lo afortunado que eres al tener a cada miembro de tu equipo. Y a aquellos que necesiten mejorar..., fórmales, rétales, transfórmales y no te des por vencido a la primera de cambio.

38. EL MODELO DEL COMPROMISO

El compromiso es otro de esos motivadores extrínsecos poderosos que estoy compartiendo contigo en este libro; es decir, aquellos que trascienden al tradicional motivo transformado en zanahoria. Úsalo teniendo en cuenta que lo más esencial de este modelo es que debe ser bidireccional. Cualquiera que esté interesado en la dirección de personas y organizaciones escucha habitualmente hablar del compromiso de los trabajadores, o de su falta. Pero ¿dónde queda el compromiso de la organización?

Cada persona debe asumir cumplir con la parte que le corresponde, pero es la organización la que nunca debe fallar al proteger, premiar y respetar el acuerdo establecido.

De hecho, el compromiso de respeto del puesto de trabajo es el motivador extrínseco más básico que se establece. Cuando la compañía, para paliar sus malos resultados económicos, falla incluso a trabajadores que han alcanzado sus objetivos, comienza a establecerse un virus en el que el resto sentirá desapego, desafección y desmotivación.

Por lo tanto, cumple con la palabra dada, pero, además, cuida especialmente a aquellas personas que sí están asumiendo su parte de responsabilidad y alcanzando las exigencias establecidas.

Invertir en formación, supervisar y reconocer, establecer criterios claros de recompensa, liderar con el ejemplo, crear un significado a las acciones, fomentar el espíritu de equipo, aceptar el diálogo como parte del liderazgo, trazar expectativas y gestionar desde la responsabilidad ética son acciones fundamentales de quienes quieran usar el modelo del compromiso. O, resumido en una sola frase, antes de exigir, ten claro qué es lo que estás dispuesto a ofrecer.

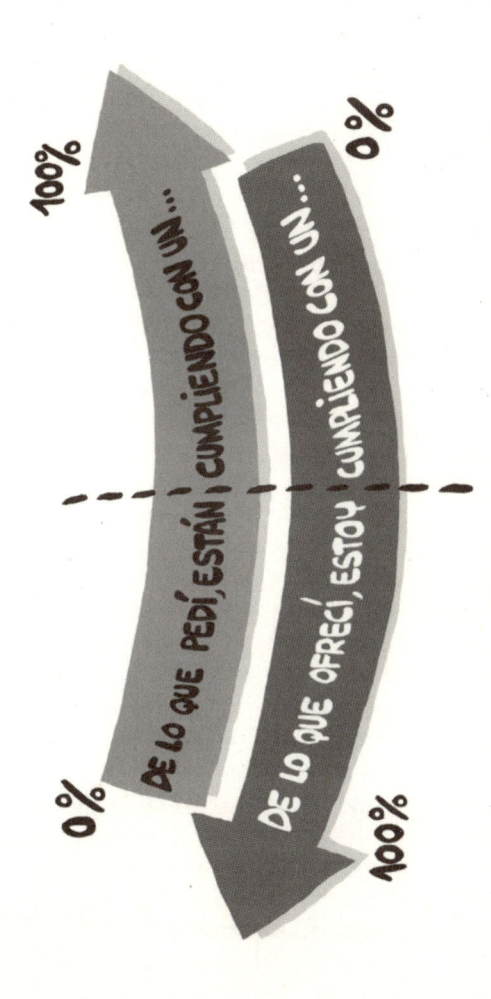

Equilibra los porcentajes y equilibra el compromiso

DE LO QUE PEDÍ, ESTÁN CUMPLIENDO CON UN... 0% — 100%

DE LO QUE OFRECÍ, ESTOY CUMPLIENDO CON UN... 0% — 100%

39. EL MODELO DE LA ACEPTACIÓN

Lamentablemente el deseo de agradar es uno de esos motivadores extrínsecos poderosos que habitualmente está mal enfocado. No por desear la aceptación y el agrado de otros, eso es socialmente sano, sino cuando esta actitud es una necesidad, y no una elección. Primero deseamos ser aceptados por nuestros padres, luego por nuestros amigos, más tarde por el entorno social, a cierta edad por nuestros jefes, y después por nuestros subordinados. Finalmente, si todo ha ido bien, querremos ser aceptados por nosotros mismos, y a veces ya es tarde porque no nos reconocemos. Rompamos ese paradigma.

En diferentes estudios antropológicos, entre los que resalta el de la Universidad de California, se asevera que esta búsqueda de la aprobación de los demás puede proceder de la prehistoria, cuando se dependía de la pertenencia a un grupo humano para la supervivencia. Una persona sola difícilmente podría sobrevivir en ese medio, por lo que debía ser aceptado por el grupo para tener una esperanza. Hay otros estudios, como el realizado por Konrad Lorenz, que han comprobado cómo la parte del cerebro que se activa cuando se recibe una recompensa es la que se pone en marcha cuando recibimos la aprobación de los demás, por lo que acabamos asociando la aceptación con un premio, como algo agradable. Este sentimiento se fundamenta en tres actitudes recurrentes:

Transformar la autoestima en heteroestima
Es decir, crear dependencia de lo que los demás opinen (heteroestima) para construir tu propia opinión de ti mismo. Así pues, si crees que todos te quieren, tú te sentirás una persona válida. Si crees que todos te desaprueban, tú te acabas castigando y restándote valor. Tu bienestar y fortaleza lo estás depositando en otros, pero créeme, tu valor no es democrático: tú decides quién quieres ser. Tú decides el valor que debes darte.

Carencia de refuerzos, halagos o expresiones de afecto en tu pasado

Si cuando eras niño no tuviste figuras de apego que te reforzaran verbalmente o con gestos afectivos tus pequeños logros o cualidades, lo más común es que hayas crecido con ese vacío latente. Es comprensible que, como persona adulta, hayas intentado llenar ese hueco haciendo todo lo posible por agradar a los demás, incluso a tus propios padres, para obtener lo que tenían que haberte dado de forma natural hace tiempo.

Tengo otra noticia para ti: tu personalidad no se rige por lo que otros esperan de ti, sino por lo que tú cumplas con tus valores y deseos.

Convertir un deseo en una necesidad

Contar con el reconocimiento de los demás es algo positivo, puede servirte de estímulo para hacer bien tu trabajo, o de refuerzo para seguir ayudando a los demás. La sonrisa y el gesto positivo de tu familia, tus allegados y tu comunidad pueden reconfortarte. Eres un ser social y es normal, pero cuando persigues esto de forma recurrente y obsesiva, pasa de ser un deseo a una necesidad. Nadie puede gustar a todo el mundo, ni siquiera a una sola persona, todo el tiempo. Agradar y ser reconocido es motivador, frustrarte por no ser una persona perfecta es la búsqueda de un imposible.

Así pues, en tu equipo quien más quien menos tendrá este motivador extrínseco de la aceptación, por lo que te recomiendo que construyas diálogos positivos y constructivos basados en el boli verde, en los valores y aciertos de cada persona, etc. Además, haz que se acepte grupalmente la diversidad y felicita a quien sea diferente por lo mucho que aporta, otorga responsabilidad a cada persona y pregúntale: «¿Cómo lo harías realmente si no tuviésemos limitaciones?». Por último, felicita a tu equipo y a cada individuo por sus esfuerzos.

40. EL MODELO DE LA TRIBU

Sentirse parte de un equipo sólido, estable y eficaz es uno de esos motivadores que nos impulsan a asistir a nuestros centros de trabajo, colaborar en una ONG, o incluso relacionarnos con ciertos amigos o familia. Sentimos parte de algo que va más allá de un equipo, estamos hablando de algo tan ancestral como ser de una tribu.

Porque si hablásemos del correcto trabajo en equipo podríamos analizar las famosas cinco C: complementariedad, coordinación, comunicación, confianza y compromiso. Creo que todas ellas ya se han analizado en este libro.

Otra fórmula podría ser hablar de las diez claves esenciales del trabajo en equipo: construir confianza, establecer objetivos comunes, crear sentido de pertenencia, involucrar a la gente en las decisiones, hacer que haya entendimiento entre diferentes posturas, motivar la responsabilidad y el compromiso, impulsar la comunicación, aprovechar la diversidad, celebrar los éxitos grupales y ser un líder. La mayoría ya se han explicado, y las que no, se explican solas.

No, quiero ir un paso más allá, como decía Ken Robinson, conectar con otras personas que comparten tu misma pasión es fundamental para encontrar tu elemento, tu esencia, tu vocación, tu potencial. Ha llegado el momento de hablar de la construcción de la tribu y del orgullo de pertenencia:

Crea una idea común. Dice Seth Godin que una tribu es un conjunto de personas conectadas entre sí y conectadas por una idea común. Así que debes contar en tu equipo con aquellas personas que realmente apuesten y crean en una visión común.

Transforma a tu equipo. Genera un sentimiento de búsqueda y apego por los nuevos valores, estrategias y política interna. Crea algo distinto desde los cimientos que todos conocen, y ayuda a que cada individuo pueda transformarse en alguien mejor.

Coopera. Ninguno de vosotros es mejor que todos vosotros juntos. Apóyate y aprende desde la humildad que tiene el aprendiz más novato. Habla, comparte y genera espacios de cocreación.

Crea un sistema de comunicación. E incluso, si quieres, un lenguaje propio. La tribu necesitará comunicarse libremente y establecer vínculos laborales y personales.

Honra el legado y la trascendencia. Un trabajo es un trabajo, pero cambiar el mundo no es cualquier trabajo. Haz que tu equipo sienta la posibilidad entre sus dedos de que las consecuencias de sus acciones revelarán un futuro trascendente y merecedor de su esfuerzo.

Mantén la llama. No des nada por sentado, ni dejes a tu equipo abandonado. Las tribus necesitarán un líder, y ese líder deberá mantener de manera fluida la comunicación ilusionante y el reporte del estado del viaje hacia el objetivo planteado.

Muévete. El movimiento te obliga a salir constantemente de tu zona de confort, por lo que debes generar un movimiento expansivo.

Diviértete y fluye. En una tribu está prohibido aburrirse, pues estás siempre en modo *flow*, ese estado de flujo del que habla Mihaly Csikszentmihalyi, totalmente absorto en lo que estás haciendo, experimentando una sensación de satisfacción y placer en ello. Los momentos *flow* son esos espacios en los que aflora la creatividad sin límites, y el tiempo no tiene fin. Aporta instantes de diversión y provoca que la gente saque los problemas de su cabeza.

Promueve el apoyo mutuo. Cuando tu equipo se convierte en tribu, nadie está solo jamás. Apoya a quien lo necesite y genera desde cadenas de favores hasta la responsabilidad de la ayuda interna.

También puedes tener danzas especiales, celebraciones particulares, vocablos diferenciadores, incluso formas de vestir o de proceder que os identifiquen. Te recomiendo que fuerces el sentimiento de vergüenza ajena y salgas de cualquier zona de confort creada por tu anterior estatus. Ahora lideras una tribu.

PARTE 4

INTERFERENCIAS HABITUALES

INTRODUCCIÓN

Las interferencias, o elementos tóxicos, son todos aquellos elementos que restan eficacia a las motivaciones. La tristeza, la desconfianza, la envidia, la compañía, la gestión del tiempo o el miedo, entre otros, pueden ser necesarios en algún momento para nuestro correcto equilibrio diario; sin embargo, en lo referente a nuestra motivación son dinamitadores que deberemos aceptar, gestionar y erradicar.

Existen diez elementos que abordaremos individualmente en esta parte, pero más allá de ellos, podemos determinar algunos hábitos o rutinas que suelen provocar la desmotivación reiterada y acaban convirtiéndose en interferencias. Repásalos, analízalos y, en la medida de lo posible, apártalos de tu vida. Aquí te dejo ocho recomendaciones desintoxicantes:

No pienses demasiado. ¿Y si no sale bien? ¿Qué sucedería si? ¿Y si aún no estoy preparado? No confundas preguntarte para crecer y crear estrategia con estar en un bucle continuo en el que no te concedes ninguna oportunidad, o permanecerás paralizado indefinidamente. Confía en tus fortalezas y no te preocupes por tantas hipótesis. Del miedo nacen las excusas, y es importante dar un primer paso que ponga fin al estancamiento derrumbando las incertidumbres y el bucle.

Empieza hoy, no el lunes. Lo más complicado a la hora de realizar un nuevo reto es abandonar el inmovilismo inicial. De ahí que frases como «empiezo el día 1» o «el lunes» se vuelvan una costumbre habitual. Tanto para comenzar la acción como para retomarla si has fracasado antes, no esperes un momento mejor, sencillamente comienza a andar el camino y adapta el paso a las circunstancias.

No ignores el problema. Siempre vas a tener un argumento idóneo para defender tu falta de compromiso. Como quien tira papeles al suelo defendiendo que si no, despedirían a los barrenderos. ¿Con qué defiendes el no hacer ejercicio? ¿Y el fumar? ¿O el no atreverte a hacer aquello que llevas años queriendo? Créeme, el problema seguirá creciendo y debes aprender y adquirir nuevos hábitos. Otórgate una nueva oportunidad, y no alimentes el pensamiento de que si no ha sucedido nada malo hasta la fecha, no lo hará en un futuro.

Dosifica tu energía. ¿Sabes cuántas lesiones se generan en enero en los gimnasios? Decenas de miles. Es el resultado de las personas que deciden ponerse en forma con el año nuevo y al tener reservas energéticas suficientes, se exceden en sus entrenamientos y acaban provocando su propia lesión. Seguramente no volverán al gimnasio tras recuperarse, y argumentarán que ya lo intentaron. Los objetivos requieren de constancia para convertirlos en rutinas, por lo que debes dosificar la energía que emplees al principio e ir subiendo el ritmo poco a poco.

Cada problema a su tiempo. Intentar cambiar radicalmente nuestra vida, con hábitos alimentarios, de ejercicios, económicos, de lectura, etc., y todos a la vez, no suele traer buenos resultados. Cada cambio requiere de energía, y si no tienes la motivación, la compañía y el seguimiento necesario seguramente no alcanzarás nunca el pleno que buscas..., ni tan siquiera un éxito individual de alguna de las tareas. Concéntrate en un problema u objetivo a la vez, o, en caso necesario, busca la ayuda de alguien que te realice un seguimiento y haz una toma de conciencia de la energía que requerirá el cambio.

No te desanimes. Los fracasos son parte del proceso. Cometer errores, fallar o equivocarnos, también. Los resultados tardan en llegar, y si el objetivo es ambicioso, con mayor razón. Pero eso en ningún caso debería desmotivarte. Habla con personas que realicen el mismo proceso que tú, consulta a expertos en la materia y aplica constancia a tu dedicación. Rendirse no es una opción.

No seas veleta. Las metas siempre acarrean obstáculos, y ante éstos es fácil caer en la tentación de cambiar radicalmente de objetivos y, con ello, comenzar de nuevo la parte estratégica y ganar tiempo. Oblígate a ser perseverante y luchar por el objetivo planteado hasta, al menos, la mitad del tiempo que debía durar el proceso. Por ejemplo, si habías decidido en cuatro meses ser capaz de aspirar al ascenso que deseabas, no lo dejes cuando a los quince días de comenzar nombren a otra persona, sino que al menos prepárate durante dos meses como si fueses a conseguirlo. Esto permitirá a tu cabeza tomar aire, dotarte de confianza y meditar verdaderamente las decisiones relativas a la motivación.

Ofrece tu mano, no tu espalda. Éste es el gran desmotivador para quienes tienen el hábito de ayudar a los demás. No porque ayudar a los demás sea malo, ni mucho menos, sino que se transforma en interferencia cuando el hacerlo obliga a abandonar los objetivos propios. Quien no come para dar de comer a otros acabará muriendo de hambre y no podrá seguir ayudando a nadie. De ahí que sea imprescindible ofrecer la mano a quien la necesite para levantarse, pero no la espalda propia para cargar con los problemas de otros.

Recuerda, las interferencias comienzan con pequeñas creencias o certezas establecidas previamente. Si no deseas que tu motivador acabe en negativo, lucha por lo que deseas y aporta luz a tus rincones más oscuros.

41. TRISTEZA

Sentirse triste en ocasiones es normal, sano e incluso eficaz. El problema es cogerle cariño a la tristeza y no ser capaces de separarnos de ella. Sobre todo porque es este sentimiento el que más duración tiene en nuestro cuerpo, debido a que es en el que más pensamos cuando lo vivimos. Nadie piensa lo feliz que es cada cinco minutos, ni justifica sus éxitos o acciones centrándose en la felicidad que siente. Pero si te ha sucedido algo negativo, ya sueles tener compañero de pensamientos para varios días.

La tristeza nos apaga, nos somete, nos desmotiva, pero, sobre todo, nos desenfoca, haciendo que perdamos la esencia de nuestro proyecto. Así que no hay que sentirse mal por vivir la tristeza, sino respetar nuestro proceso natural. Ahora bien, debes saber que en la tristeza se encuentra una interferencia fundamental: a nadie le apetece subir una montaña triste. O lo que es lo mismo, la tristeza es la dinamitadora de los primeros pasos.

Llorar, si lo pide el cuerpo, o hacer algo de ejercicio son buenas fórmulas para dejar atrás la tristeza. Curiosamente ambas acciones generan endorfinas. Aceptar los sentimientos como algo natural y no juzgarse por sentirse mal es uno de los primeros pasos básicos. Distraerse, escuchar música, realizar una actividad acompañado o incluso darse un baño caliente nos reconfortará y colocará nuestros pensamientos en otro lugar. Ahora bien, lo mejor para salir de la tristeza es aumentar la autoestima, salir del autocastigo, perdonarse lo ocurrido y relativizar; es decir, ser capaces de otorgarle el valor justo a aquello que nos acaba de suceder.

Existe un proverbio chino que dice que no puedes evitar que el pájaro de la tristeza vuele en tu cabeza, pero sí que anide en tu cabellera. Así que si existe tristeza, ¡mueve la cabeza!

42. DESCONFIANZA

Hay quien no se siente preparado nunca. Hay quien, no importa lo que haga, lea, se prepare o lo que sus compañeros o clientes le indiquen, siempre piensa que no es suficiente. La desconfianza siempre esconde algo más, pero la desconfianza a uno mismo se nutre del miedo a no estar a la altura y fallar. O, dicho de otro modo, la autodesconfianza parte de la *atychiphobia*, o miedo al fracaso.

Llama la atención la cantidad de personas que conocemos que sufren de ansiedad mental extrema, problemas digestivos o malestares estomacales, dolor de cabeza, así como tensión muscular, cuando se les encomienda una nueva tarea o la realización de algo que ellos saben que no será perfecto. Estos síntomas son propios de la *atychiphobia*, y generalmente quienes los padecen sufren tanto miedo a fracasar que terminan por no intentar ninguna actividad que les suponga un reto añadido.

Las causas son diversas, ya que el fracaso lo entendemos de diferentes formas según a quién le preguntes por ello, pero suele estar relacionado con un desequilibrio en la necesidad de agrado de terceros, falta de apoyo o exceso de crítica por el entorno familiar, humillaciones en la infancia o, incluso, la experiencia de un evento traumático hace años. No obstante, todos hemos padecido esa desconfianza tóxica cuando nos enfrentamos a agradar a alguien a quien admiramos.

Algunos de los signos del miedo al fracaso y la desconfianza son: una constante reticencia a probar cosas nuevas o involucrarse en proyectos desafiantes, la baja autoestima o confianza en sí mismo, o un excesivo perfeccionismo, acompañado por el deseo de probar sólo aquellas cosas que sabe que va a terminar a la perfección y con éxito.

Para abandonar la desmotivación, hay que recordar el objetivo o las consecuencias de aquello por lo que queremos luchar. Buscar un punto de vista diferente y aprender disfrutando de cada pequeña acción que se desarrolle, e incluso centrarse en pequeñas metas que acabarán provocando un gran resultado. Eso sí, centrarse en el «ahora» desde las experiencias anteriores de éxito, recordar los valores y esencia de la persona que hay que motivar, así como ayudar a otros, suelen ser grandes palancas para dejar atrás la desconfianza.

Una de las fórmulas que más me gusta trabajar cuando hablamos de desconfianza es reflexionar sobre la huida de la confrontación, los problemas pendientes y la recurrencia de la frustración. Estos elementos suelen ir de la mano de la falta de confianza. Si una persona consigue reconocer que existen, aceptar que no ha sido capaz de cerrar algún episodio conflictivo, visualizar y preparar una acción de enfrentamiento, e incluso posteriormente ejecutarlo, aunque sea algo simbólico, dará alas a su propia confianza y será lo que necesita para avanzar.

No hay que dejar que la desconfianza dinamite la motivación. Si el equipo de fútbol de España hubiese creído que en la Eurocopa de 2008 iban a perder en cuartos, como era lo habitual, nunca habrían ganado la competición. Si la autora de Harry Potter hubiese dado la razón a las doce editoriales que decían que su libro no era bueno, jamás se habría convertido una de las autoras con más ventas de la historia. Si aquel grupo de chavales hubiesen tomado en serio la recomendación del gran productor musical Mike Smith de dedicarse a otra cosa, jamás habríamos llegado a conocer a The Beatles. Siempre va a haber algo a lo que aferrarse para desmerecer las capacidades o desconfiar de las acciones, pero nunca hay que dejar que eso provoque un bloqueo. La duda es sana, la parálisis, letal.

43. SOBERBIA

En algún momento todos hemos sido soberbios; es decir, la creencia de que nuestra valía está por encima de la de los demás de manera no constatada. Ser bueno en algo, incluso el mejor, puede estar vinculado con el sano orgullo, siempre que esté asociado a un dato tangible. Lógicamente, ser el más rápido en una carrera te convierte en el campeón de ésta, pero no en la persona más rápida sobre la Tierra. Ser el ganador de un premio te convierte en el elegido entre los candidatos, no en el mejor del mundo. Pensar lo contrario es soberbia.

Todos hemos sido soberbios en algún momento de nuestra vida. Pero lo importante es no serlo de manera constante o incluso necesitar serlo para darnos valor. Reconocerse como alguien que necesita este comportamiento tóxico es el primer paso para eliminarlo y conseguir que nuestra motivación fluya gracias a la generosidad, humildad y apoyo de quienes nos rodean.

Si tienes el deseo compulsivo de solicitar piropos o halagos de la gente, la soberbia está llamando a tu puerta. Estás buscando y deseas con afán tener reconocimiento, distinción, alabanzas por parte de los demás. Buscas que los demás te admiren y te hagan ver todo lo que has logrado o tienes. No confundir con la búsqueda de estas palabras por falta de autoestima o por el sano reconocimiento de un hito tangible. Recuerda, si no se puede medir tu éxito, no se puede reconocer.

Si hablas constantemente de tus logros y éxitos, estás cayendo en la soberbia. Sentir sano orgullo, como decía anteriormente, es mencionar un éxito tangible que hayas logrado. Pero recordar constantemente ese éxito, o utilizarlo como ariete contra otros, es un refugio para personas mediocres.

Decía san Agustín: «La soberbia no es grandeza sino hinchazón; y lo que está hinchado parece grande pero no está sano». Pues eso.

44. ENVIDIA

La envidia sana no es envidia, sino admiración. Y si no, no es sana.

Curiosamente, junto al miedo y al egoísmo, es un sentimiento que bien gestionado podría llegar a ser un motivador. Ahora bien, lo catalogamos de interferencia cuando más allá de la comparación que establecía la teoría de la equidad de Adams, la envidia nos provoca rencor e incluso odio hacia otras personas, o hacia nosotros mismos.

El origen de esta emoción puede tener muchas procedencias; sin embargo, lo más reseñable de este sentimiento negativo es que todo comienza en el interior de cada persona y su particular forma de ver los sucesos de la vida que le rodea. Habitualmente, la envidia nace provocada por el padecimiento de una baja autoestima, frustraciones personales, o de la desesperanza de poder alcanzar objetivos planteados en la vida. Por ejemplo, la recurrente crisis masculina de los cuarenta comienza en la comparación entre la vida idílica que se imaginaron a los veinte y el conformismo de la actual. Además, si otras personas del entorno cercano, o socialmente reconocidas, adquieren una mejor condición de vida, esta situación suele no aceptarse, y es allí cuando se origina este sentimiento destructivo. Este estado de resentimiento también puede verse afectado por la inseguridad personal.

Un ejemplo claro de envidia lo podemos observar en las personas que son incapaces de celebrar los éxitos de personas de su trabajo, conocidos o incluso familiares, añadiendo siempre un «pero» a sus conquistas. Este profundo sentimiento negativo es síntoma de personas inseguras y egoístas. Las personas que sienten envidia de forma constante padecen una gran frustración, lo cual puede desembocar en una depresión.

Algunas recomendaciones para mantener la envidia alejada de nuestra motivación:

1. *No te compares.* Y mucho menos con las vidas idílicas que la gente comparte en sus redes sociales y comportamientos públicos.

Frente a su perfección es imposible luchar. Entre otras cosas porque no son reales.

2. **Conoce y admira el esfuerzo, no sólo el éxito.** Hay personas que se dejan la piel para poder alcanzar un éxito, y aunque luego proyectan una facilidad extrema en la ejecución (lo que la experta en comunicación Mónica Galán denomina el efecto Gene Kelly), son juzgados únicamente por la aparente sencillez con la que alcanzan el triunfo. Conoce lo que hay detrás de cada victoria y pregúntate si estás dispuesto a realizar el mismo esfuerzo para obtener esos resultados.

3. **No persigas metas de otros.** Todo el mundo ha soñado con vidas de ensueño al ver a otra persona ante un logro. Sin embargo, las metas por las que luchamos, nos deben ser propias, o puedes tener la desgracia de alcanzarlas y tener que vivir la vida de otro.

4. **Sal de la falacia de la justicia.** Los sucesos no son justos si son positivos hacia nosotros e injustos si nos son negativos. Todo depende del prisma desde el que lo analices. Así que en vez de hablar de justicia, habla de si algo ha sido meritorio o no, una vez más, centrando tu foco en el esfuerzo y los sacrificios previos.

5. **Respeta tu individualidad.** No cedas a la presión social que dice que a cierta edad deberías tener una casa propia, o contraer matrimonio, o ganar una cifra de dinero... Tú creas tus propias normas, así que como decía tu madre: «¿Si todos se tiran de un puente, tú irías detrás?». Sé tú mismo, a no ser que seas alguien despreciable, claro, que entonces es mejor dejar de decirte «yo soy así» y cambiar.

6. **Trabaja en ser tu mejor versión.** Y punto.

Cuando Napoleón se enteró de que sus enemigos para ridiculizarle le llamaban «el pequeño corso» (medía 1,69, que para la época era bastante) pronunció: «La envidia es una declaración de inferioridad».

45. APEGO

Apegarse a puestos, ciudades, personas o hábitos sólo nos sirve para asegurar nuestra zona de confort, o sea, la realidad que nos es conocida y a la que estamos acostumbrados. Este proceso mental es un recurso para sentir seguridad, confianza y garantizar nuestra supervivencia, y, por lo tanto, la generación del sentimiento de apego es parte natural de nuestra existencia.

Ahora bien, cuando el apego nos impide propiciar una evolución, se transforma en resistencia al cambio, y ésta es una interferencia que todos sufrimos en mayor o menor medida. Creer que lo sabemos todo sobre algo, que no podemos aprender, que ya ejecutamos nuestra labor de la mejor manera posible, tener la verdad universal o menospreciar a quienes ven errores al tener la mirada menos viciada o acostumbrada son errores provocados por la resistencia al cambio. Tampoco la incertidumbre, la falta de autoestima, las dudas personales, la soberbia o el sentimiento de soledad ayudan a que esa resistencia desaparezca.

Las peores cadenas son las del apego incondicional, pues son las que nos arrastran a vivir eternamente una realidad que ya dejó de existir. Cambiar es natural, y aplicable a toda nuestra existencia es la frase de Tolstói: «Todos quieren cambiar el mundo, pero nadie piensa en cambiarse a sí mismo». Si no cambiamos ni crecemos, no podremos transformar nuestro mundo.

Imagina el peor escenario posible, acepta las emociones que te provocaría y los actos que a día de hoy realizas para que dicho escenario no suceda. Analiza cuántos de esos actos te son propios y sanos, o cuales impuestos y tóxicos. Enfoca tus acciones en recuperar tu esencia y admite la dualidad entre lo que eres tú como persona y lo que significa poseer ese puesto, vivir en esa ciudad o mantener esa relación. Después, trabaja para simplificar tu vida y relativizar la posible pérdida. Sólo desde la libertad de elección se forja el verdadero compromiso.

46. MIEDO

Anteriormente hemos visto el miedo como motivador intrínseco, pero ¿qué sucede cuando se convierte en interferencia y nos bloquea? Pues sencillamente que se transforma en pánico, ansiedad, estrés. Y vaya por delante que todo el mundo siente miedo, aunque no todos lo sienten hacia las mismas cosas. Si el miedo surge de la amenaza a perder lo que se tiene, como vimos con el apego, es natural que nuestro cuerpo experimente esta sensación de alerta.

Ahora bien, se transforma en interferencia cuando más allá de estimularnos y llevarnos a un estado de precaución, nos engulle para acabar con nuestra determinación y deseo.

Existen cuatro alternativas frente a la amenaza, según la rama de la biología que investiga el comportamiento de los animales: la sumisión, la inmovilidad, la defensa agresiva y la huida. No nos es ajena como especie ninguna de las cuatro, y estoy convencido de que te habrás reconocido en alguna de ellas en más de una ocasión. Sin embargo, el ser humano posee una quinta opción que nos permite superar nuestros instintos animales: enfrentarnos a nuestros miedos y mirarlos a la cara gracias a nuestra capacidad de gestión racional y emocional.

Siempre me ha gustado decir que el miedo a la oscuridad no se supera encendiendo una luz, aunque al menos de ese modo nos convencemos de que no hay monstruos. Y es que cuando hablamos del miedo existen dos ejes que hay que tener en cuenta, aquello que nos genera el miedo irracional, y que deberemos acabar superando como proceso vital, y aceptar el cambio actitudinal con el que conseguimos salir de la fase de bloqueo que nos provoca el miedo.

Acepta el miedo como parte esencial de tu vida y reconoce cuál es el tuyo: supervivencia, cambio, pérdida de poder, fracaso o el rechazo. Después, actúa. Y una vez localizado, puedes comenzar a desbloquearlo con las preguntas de las herramientas de pasado, consejo y ejemplo:

46. MIEDO 155

PASADO

¿Alguna vez te has enfrentado a una situación similar?

CONSEJO

Imagina que alguien especial para ti está viviendo esta situación.
¿Qué le aconsejarías hacer?
¿Cómo harás tú algo similar?

EJEMPLO

Piensa en una persona que admires.
¿Qué crees que haría en esa situación?
¿Cómo imitarías esa conducta en tu situación?

47. DESENGAÑO

Decía Germaine de Stäel que el desengaño camina sonriendo detrás del entusiasmo. Y es que quien piense que el deseo, la pasión y la determinación van de la mano del éxito irrefutable está muy equivocado.

Sentir desengaño va ligado directamente con la sensación de justicia o recompensa. Es decir, como Vroom afirmaba en la teoría de las expectativas, entender que nuestra acción o comportamiento serán valorados con una compensación es vital para nuestra motivación. Dicho beneficio puede ser intrínseco, como son la satisfacción personal, el crecimiento individual o el propio y sano orgullo; o extrínseco, como son el agradecimiento, una mejora en las condiciones laborales o una cantidad económica, por ejemplo.

El desengaño nace bien de la no compensación directa (no nos dan lo prometido), o bien de la no satisfacción de la compensación (no nos conceden lo que nosotros esperábamos). El primero de los casos rompe la inercia de querer apostar por la acción, incluso desmotiva la ejecución al observar la falta de expectativas posteriores. Si tienes en tu mano un equipo de trabajo, una organización o una relación, cumple tu palabra siempre y no generes desengaños. Si eres víctima de la no compensación directa, y has sufrido desengaños con anterioridad, debes generar confianza, buscar el compromiso con pruebas y apostar, porque ni con todas las personas, ni en todas las situaciones, se actúa de igual modo.

Por otro lado, la no satisfacción de la compensación a su vez tiene dos posibilidades. En la primera sucede que los beneficios obtenidos son menores que los esperados. Una mala planificación, un error de análisis o de comunicación, e incluso un cambio sustancial en las circunstancias que rodean al hecho, pueden ser los motivos. Frente a los cuales deberemos proceder con sinceridad y actitud compensadora. La segunda posibilidad, y la más frecuente de todas, es la que yo denomino desengaño por omisión o, dicho de otra manera, cuando se espera obtener algo pero no se comunica. El resultado habitual de esta acción es que las personas o la organización no conocen nuestras verdaderas intenciones, por lo que nunca podremos proyectar sobre ellas la carga de nuestra frustración.

Para evitar desengaños:

1. *Cuida las expectativas.* Pese a que la cultura del pelotazo está implantada a nivel mundial, confía en la meritocracia y sé prudente en la definición de recompensas.

2. *Pacta las expectativas.* Comunica lo que de verdad esperas y negocia la compensación, la forma en que serás recompensado y el tiempo en que se otorgará la recompensa. Eso sí, atiende también a la contraoferta que seguro llega por la otra parte.

3. *Actúa desde la generosidad.* Realiza las tareas pensando en tu legado y en la satisfacción personal de realizarlas, no exclusivamente en la recompensa extrínseca.

4. *Céntrate en lo que está en tu mano.* No pongas el foco en exceso en lo que los demás podrían hacer u ofrecer, sino en aquello que te pertenece a ti y a tus decisiones.

5. *Toma decisiones.* Si alguien abusa de tu trabajo o confianza y no realiza la compensación pactada, debes tomar una decisión: dejarlo pasar y asumir la situación sin castigarte, comunicar el descontento de manera pausada pero firme, o romper la relación y las futuras colaboraciones.

48. CELOS

Los celos no son amor. Punto. Los celos son un estado de ansiedad producido por la sensación o creencia de posible pérdida de lo que se tiene o posee. Ya sea una pareja, un trabajo, un rol o una sensación. Por esto mismo, los celos jamás pueden venir del amor hacia otra persona o hacia una actividad, sino del egoísmo de que desaparezca lo que creemos propio. En muchas situaciones de celos hay, más que amor o miedo a la soledad, otras causas como los sentimientos de posesión de la otra persona o puesto de trabajo, la necesidad de control, la inseguridad en uno mismo, la envidia o sencillamente el miedo al cambio. Así que créeme, los celos, de este modo, no son útiles ni necesarios. Tampoco en el trabajo, donde celar ante la posible pérdida de poder o estatus jerárquico te hace vulnerable y torpe.

Los celos son una emoción, y eso implica que como el dolor o la alegría están presentes en nuestra propia esencia. Toda persona siente celos en algún momento concreto, aunque lo disimule o lo gestione de una forma silenciosa, como a veces se hace también con el dolor o la alegría, ¿verdad? Muchas personas, normalmente las celosas, defienden la necesidad de su existencia, argumentando que la ausencia de celos es sinónimo de falta de interés. Evidentemente es una falacia, ya que puedes estar muy interesado en tu trabajo, y lo que haces para mantenerlo es esforzarte más y trabajar más duro, y no otra cosa. Cuando sientes, por ejemplo, que tu pareja te interesa, ¿también te esfuerzas más y trabajas más duro o prefieres someter tu incertidumbre al control y la desconfianza? Cuando crees que puedes perder un objetivo, ¿te provoca celos y dedicas tu energía a protegerlo o a protegerte?

Los celos pueden servirnos para comprobar lo que tenemos y valorarlo. Otorgarle importancia y no dar por hecho que aquello que se conquistó una vez, sólo por ese hecho, estará siempre a tu lado. Pero sólo si son compartidos con las personas involucradas, y no agresivos, contienen esa vertiente positiva, ya que por desgracia lo habitual es una deriva patológica que destruye la felicidad individual y colectiva, la autoestima propia y el equilibrio de tu pareja o trabajo.

Como solución, te propongo algo sencillo, tanto en tu pareja como en tu trabajo, proyecto o rol vital: frena, mira a ambos lados y avanza. Sí, como si de cruzar una carretera se tratase. Primero, reconócete teniendo una actitud de celos y frena los pensamientos negativos que están intoxicando tus acciones. Después racionaliza mirando a ambos lados y sacando toda la información posible, y no sólo la que tú quieras ver. Pide ayuda a otros, como lo haría una persona invidente antes de cruzar, ya que tú no estás viendo con claridad. Y con toda esa información, avanza reafirmando lo que eres y aquello que eres capaz de hacer, y finaliza con una decisión definitiva sobre hacia dónde quieres avanzar: hacia lo que tenías o hacia otra nueva realidad. En cualquier caso, nunca vuelvas donde sufres. Ni en el trabajo ni en un proyecto, ni mucho menos en una relación.

«Si los celos son señales de amor, es como la calentura en el hombre enfermo, que el tenerla es señal de tener vida, pero vida enferma y mal dispuesta.» Miguel de Cervantes.

49. PRIORIDADES

Si el día tiene 1.440 minutos y tú vas con la lengua fuera y la sensación de no poder hacer todo lo que tenías que hacer, créeme cuando te digo que no tienes un problema de gestión del tiempo, sino de gestión de prioridades. El tiempo es el que es, y eso no va a cambiar. Son las prioridades las que te están asfixiando.

Escribe tus tareas urgentes en orden descendente. Habitualmente no sabemos otorgar con eficacia el nivel de urgencia de una tarea, pero hay una fórmula sencilla: al tiempo que te llevará realizar la tarea, le restas el que te queda para tu fecha límite. Aquellas tareas que tengan un resultado menor, incluso negativo, serán las más urgentes.

Atribuye el nivel de importancia de cada tarea. La importancia tiene que ver con las consecuencias positivas y negativas de realizar una tarea. Sube en la organización anterior aquellas tareas que con el menor tiempo de ejecución te aporten una consecuencia mayor. Eso sí, respetando en todo caso la urgencia de las tareas.

Huye de los devoradores de tiempo. Existen muchas técnicas como la pomodoro, que consiste en realizar una tarea durante veinticinco minutos y un descanso obligatorio de cinco por cada bloque, la disección de agenda por tareas ligadas a días u horas, o incluso el respeto de una hora libre a mediodía para hacer lo que se desee. Pero la acción más importante será la de respetar tu compromiso y alejarte de personas que te distraigan, redes sociales, emails o llamadas. Si quieres que te cunda el tiempo, aléjate de aquello que te lo roba.

Alarga tu jornada. O, mejor dicho, posiciónala en otro lugar. Nadie dice que tengas que trabajar más de las horas pactadas, pero si realmente quieres que tu agenda y prioridades fluyan, busca los horarios en los que existe menor riesgo de boicot. Por ejemplo, es más fácil escribir este libro de madrugada o a primera hora de la mañana, ya que a partir de las diez, los teléfonos y emails no me dejarán concentrarme. Si cada día tengo que dedicarle al menos tres horas a la escritura del manuscrito, esta temporada tendré que comenzar a escribir a las siete de la mañana, cuando es más difícil que me interrumpan.

Cada problema en su momento. El bloqueo por saturación es otra de esas situaciones habituales en la mala gestión de prioridades. Actúa sobre un tema y no pases al siguiente hasta que no lo hayas terminado. Recuerda que un tema puede llevarte varios días, pero asígnale unas horas concretas para su ejecución y te será más sencillo evitar la presión.

Respeta tu horario. Si quieres dejar de ser esa persona con sensación de apagafuegos, se tú quien respeta el horario establecido. No te lo saltes y no dejes que otras personas se lo salten..., a no ser que el edificio realmente esté en llamas.

No obstante, además de todo lo anterior hay que tener en cuenta que priorizar no es sencillo, ya que toda priorización conlleva un descarte. Descartar es elegir, y para que no aparezcan disonancias cognitivas (cuando nuestro cerebro otorga la misma validez e importancia a dos ideas contrapuestas) debemos ser perseverantes en la opción elegida y no dudar de nosotros mismos (salvo que las consecuencias estén siendo catastróficas y tengamos pruebas de ello).

50. OTRAS INTERFERENCIAS

Miopía y dislexia emocional
La miopía emocional es la incapacidad para sintonizar, comprender o captar las emociones de otras personas. Sería lo contrario a la empatía, pero no por decisión, sino por torpeza o inutilidad.

Dislexia emocional es la incapacidad de poner coherencia entre lo que pensamos y lo que sentimos, por ejemplo, algo que sabemos conscientemente que provoca dolor en otros y, sin embargo, lo hacemos.

Estos dos elementos son fáciles de detectar si tenemos a alguien cerca que nos prevenga de ello. Debemos escuchar y estar alertas para no convertirnos en personas a las que nos resbale todo por estar recubiertas de teflón (sí, esa capa que se usa en las sartenes para que no se pegue nada).

Malas compañías
Y no necesariamente esas que decía tu madre que te llevaban por el mal camino. Hay personas que por exceso de afinidad, o por todo lo contrario, acaban generando ambientes poco motivadores.

Revisa aquellas personas que te desmotivan tirando por tierra tus intentos, tus objetivos o incluso que se ríen de tus victorias previas. Desmonta a quienes pretendan robarte tu tiempo, tus ganas y tu energía aislándolos de tu programación. Evita a quienes por exceso de afinidad generen instantes tan memorables que en lo último en lo que pienses sea en la conquista de tu objetivo motivador (al menos durante un par de horas al día).

Enamoramiento
Sí, lo sé. Estar enamorado es muy bonito, pero desgraciadamente también es una fórmula sencilla de perder el foco. Lamentablemente me gustaría poder decir que existe una receta para apartar este sentimiento y centrarnos en aquello que nos motiva, pero por desgracia

no sólo no conozco ninguna, sino que además la vida sería mucho menos interesante y llena de pasión.

Vagancia
Cuando la pereza se vuelve caótica y se arraiga en nuestras decisiones, se convierte en vagancia. Esto es, la inapetencia de la acción, pese a conocer posibles recompensas a nuestras acciones.

El gran problema de la vagancia es que es adictiva, y cuantas menos cosas hagas, menos te pedirá el cuerpo. Además, este proceso es progresivo, poco a poco irás dejándote llevar por la inacción asumiendo que sigues al mismo nivel de rendimiento y sin darte cuenta de que tu nivel de productividad ha caído.

Hacer ejercicio, planificarnos bien los tiempos, añadir en nuestra agenda actividades sociales, descansar sólo por la noche, madrugar, desafiarse, encontrar compañeros de acción, planificar nuestra estrategia o dividir los objetivos en pequeños retos nos ayudará a salir de esta situación.

Complejo de excelencia
Quédate con dos sentencias: hecho es mejor que perfecto, y lo perfecto es enemigo de lo bueno. Te serán útiles en la vida para enfrentarte a una situación de bloqueo, ante el sentimiento de que la tarea por realizar debe quedar perfecta y al juzgarte carente de los recursos necesarios para alcanzar ese nivel serás incapaz de comenzar a hacerlo.

El complejo de excelencia suele provocar que te juzgues por el resultado de una tarea que ni siquiera has llevado a cabo y, por lo tanto, debes ser humilde, comenzar por su realización, pedir ayuda y seguir formándote mientras buscas la verdadera excelencia. Eso sí, no olvides que antes de ser maestros, todos fueron aprendices.

Ley de Parkinson
La ley de Parkinson dice: «El trabajo se expande hasta que se termina el tiempo disponible para su culminación». Esto es, toda persona será

capaz de confundir mayor volumen de trabajo con mayor eficiencia y productividad, dando por sentado que trabajando más horas, con más frentes abiertos o con mayor nivel de estrés seremos considerados mejores trabajadores.

No caigas en esta interferencia y establece límites para no acabar inundando todo tu tiempo con trabajo. Trabajar sin el cargador del portátil para proceder a terminar la tarea antes de que se agote, dividir las tareas y establecer tiempos de finalización, incorporar horas límite de trabajo y cumplirlas (o pagar sanciones por ello) o limitar las tareas poco productivas a treinta minutos al día te ayudará a que esta situación no te genere desmotivación.

GESTIÓN DE INTERFERENCIAS

- ¿QUÉ INTERFERENCIA ESTIMULO?
- ¿QUÉ INTERFERENCIA ESTIMULA LA EMPRESA?
- ¿DÓNDE NACE?
- ¿QUÉ LO ALIMENTA?
- ¿A QUIÉN AFECTA?
- ¿QUÉ ESTÁ EN MI MANO HACER?
- ¿QUÉ PUEDE HACER LA EMPRESA?
- ¿QUÉ PASARÍA SI NO SE ELIMINASE?
- PLAN DE ACCIÓN
- PLAN DE COMUNICACIÓN
- PLAN DE SEGUIMIENTO

PARTE 5

POTENCIADORES ESTRATÉGICOS RACIONALES

INTRODUCCIÓN

Los potenciadores estratégicos son la llave de la autodisciplina, así como el candado del compromiso en la motivación de equipos. Sobre las cosas que no se pueden medir, no se puede realizar seguimiento y, por lo tanto, son muy complicadas de planificar y mejorar. **Utilizar un potenciador estratégico racional es imprescindible para conseguir derribar las interferencias, gracias a un acuerdo a medio plazo, una correcta visualización futura y un aprovechamiento eficaz del motivo.**

Los potenciadores estratégicos son, por lo tanto, una serie de herramientas que nos servirán para generar tácticas que nos ayuden a alcanzar nuestras ideas, sueños y motivaciones. No obstante, y como aviso previo, estas técnicas desarrolladas por mí en decenas de compañías multinacionales sólo sirven si se realiza un seguimiento sobre ellas. No te conformes con dedicarles unos minutos a su creación, sino que deberá existir esfuerzo en repasar la evolución de manera semanal o mensual.

Usa los potenciadores estratégicos y no dejes que el azar guíe tus decisiones. La motivación es algo demasiado importante como para no prestarle la atención necesaria. Pero ¿cómo crear además un hueco en el mercado? ¿Cómo acceder a un equipo conflictivo para que te escuchen? ¿Cómo puedes motivar de manera más eficaz para llegar a nuevos nichos de mercado? ¿Cómo conseguir ser memorables y que la motivación dure en tu equipo o contigo mismo? Todo esto y más lo descubrirás en las próximas páginas. Hazle un hueco en tu vida a lo que, bien utilizado, la cambiará a mejor.

51. MÉTODO MEJORA

En algún momento toda persona se ha sentido bloqueada. Es algo inherente al ser humano. Por falta de información, por falta de decisiones, por falta de valentía o sencillamente porque no sabemos qué camino tomar o emprender. A mí también me ha pasado y sé que es uno de los grandes lastres de la motivación.

Frente a esto, el uso de las técnicas de *coaching* no sólo implica un proceso de aprendizaje, sino también de desaprendizaje de cosas que hemos aprendido a lo largo de nuestras vidas. ¿Cómo pasar de la queja a la acción? ¿Cómo desarrollar una técnica para alcanzar un objetivo, y seguir una estrategia sin estrés ni bloqueos? ¿Y para motivarte y motivar a otros basándote en la creación del camino por recorrer?

1.º M (Meta)

Comienza con una definición del objetivo que hay que alcanzar dejando a un lado las quejas y problemas y respondiendo en positivo a la pregunta ¿qué quieres conseguir?

Un truco sencillo es hacer el espejo inverso: «No llego a fin de mes» cámbialo por «Quiero ganar X al mes». Los objetivos deben cumplir con lo visto en la teoría de Locke. «Ser feliz» no es un objetivo para este modelo; «Encontrar trabajo» tampoco. «Ganar 2.000 euros al mes antes del 30 de junio del próximo año» sí que lo es.

Objetivo: Focalizar y visualizar la meta que tu motivación ha generado.

2.º E (Escenario)

Prosigue con un análisis de la situación actual. Ver qué dificulta alcanzar esa meta. Incluso qué interferencias se encuentran en el camino. Responde a la pregunta ¿qué obstáculos me encuentro?

Es importante que se expongan todos y cada uno de los miedos, conflictos, interferencias o situaciones que dificulten alcanzar o desarrollar el objetivo. Si están en tu cabeza, hay que plasmarlos en el papel.

Objetivo: Verbalizar y exponer los obstáculos que pueden acabar con tu motivación.

3.º J (Juicios)

Sin embargo, descubrirás que los bloqueos y anclajes se mezclan con la realidad. Intenta separar los juicios (o prejuicios) de los hechos reales con la pregunta ¿qué pruebas tienes de que cada obstáculo es real?

Si está en nuestra cabeza, es cierto. Pero también es verdad es que si sólo está en nuestra cabeza podemos ignorarlo. Por mucho que yo diga: «Nadie quiere a personas de mi edad», siempre han existido puestos para diferentes edades. Es cierto, conozco a pocos consejeros delegados de veinticinco años y a pocos directores de innovación de sesenta..., pero ¿acaso no existen? Que esté sólo en nuestra cabeza y sea una creencia no debe suponer que no podamos superarlo. Por eso, tras la enumeración de pruebas, sólo trabajaremos con aquellos obstáculos sobre los que tengamos pruebas tangibles.

Objetivo: Buscar elementos tangibles que disipen los prejuicios o las creencias limitantes.

4.º O (Oportunidades)

Una vez analizados los obstáculos, descubre qué opciones existen, o qué acciones está en tu mano realizar para eliminar esas dificultades respondiendo a la pregunta ¿qué puedo hacer para superar esos lastres, esas interferencias?

Imagina todas las circunstancias posibles, todas las alternativas. Abre tu mente y piensa en opciones. No obstante, podría pasar que alguien no encontrase ni aun así la oportunidad buscada para superar cada uno de los obstáculos. Si fuese así, hazte las preguntas que aparecen en la interferencia del miedo y encuentra en su respuesta la manera de salir del bloqueo.

Objetivo: Encontrar soluciones o nuevos planteamientos que nos desbloqueen y provoquen opciones para mantener viva la motivación.

5.º R (Reordenar)

Tras enumerar las posibles oportunidades o escenarios de superación, confronta las acciones enumeradas con la realidad y la meta, eligiendo en cada caso la que más te puede ayudar a alcanzar tu objetivo con el menor desgaste de energía. Responderías a las preguntas ¿es esa oportunidad la que más me acerca a mi meta? y ¿es posible llevarla a cabo?

Este paso es vital para eliminar el proceso de frustración o de gasto de energía inútil en acciones que te son poco productivas. No merece la pena que trabajes en aquellos puntos para los que no tienes capacidades o aquellos que no te acerquen claramente a tu objetivo. Ahorra energía cerebral eligiendo la opción más eficiente. Tu cuerpo y ánimo lo notarán.

Objetivo: Optimizar nuestras decisiones y eliminar dispersar nuestra motivación.

6.º A (Acción)

Por último, y una vez seleccionadas las acciones más eficientes, traza un plan de acción concretando esas decisiones hasta los detalles más mínimos, creando así una hoja de ruta directa y muy concreta que haya respondido a las preguntas ¿qué voy a hacer?, ¿cómo lo voy a hacer?, ¿con quién lo voy a hacer? y ¿cuándo lo voy a hacer?

Se trata de concretar al máximo nivel posible todas las acciones que hayan superado el paso R, «Hablar con Jesús, director de Megacompany, S. A., el lunes por la mañana a las 10.00 y tras explicarle mi situación, ofrecerle mis servicios como X e Y»; «Preparar mi nuevo perfil de Facebook el martes antes de las 12.00 en el que voy a empezar a colgar las noticias importantes y por las que me quiero sentir identificado»; «Hablar con Mónica en su casa de mi situación y de lo que me provoca su persona, argumentando Y, Z y W». De eso se trata. Acciones directas concretadas al máximo.

Objetivo: Generar unas acciones definidas para facilitar el progreso hacia el éxito, creando un canal eficiente de nuestra motivación primigenia.

¿QUÉ QUIERES CONSEGUIR?

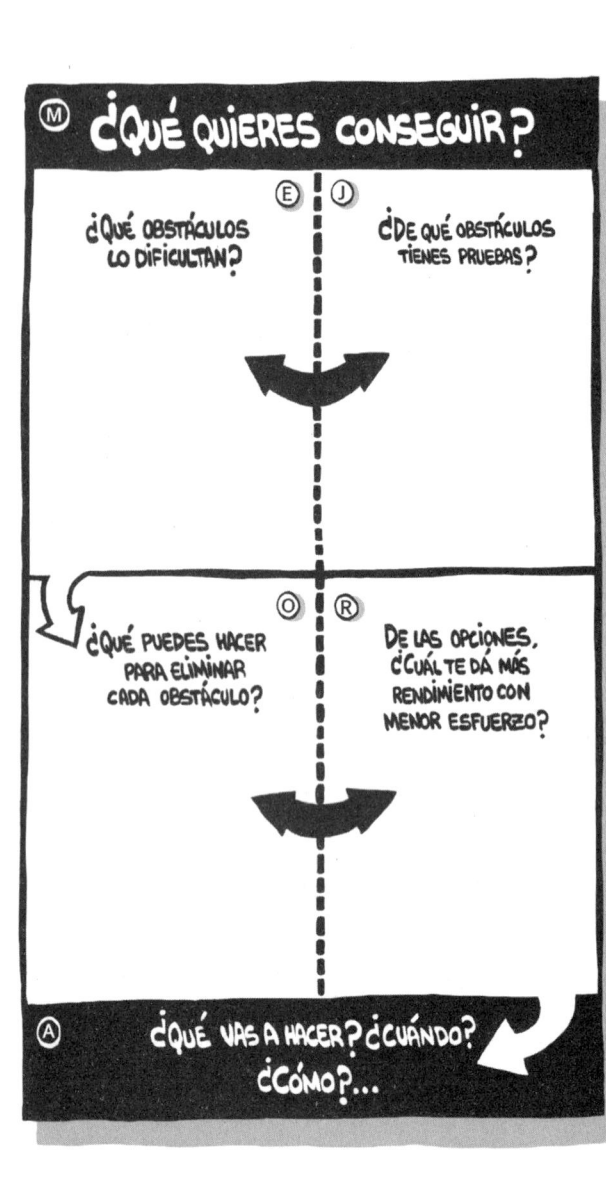

(M)

(E) ¿Qué obstáculos lo dificultan?

(J) ¿De qué obstáculos tienes pruebas?

(O) ¿Qué puedes hacer para eliminar cada obstáculo?

(R) De las opciones, ¿cuál te da más rendimiento con menor esfuerzo?

(A) ¿Qué vas a hacer? ¿Cuándo? ¿Cómo?...

52. CADENA DE KÖVARD

Déjame aclararte en primer lugar que no existe ningún Kövard que haya inventado esta herramienta, salvo el personaje de Lionel Kövard en mi libro *Los tacones de Dorothy*. Por marketing, esta denominación de la técnica funciona mejor que habiendo utilizado mi propio apellido o incluso, los circulitos de las preguntas hacia atrás.

La cadena de Kövard es un potenciador estratégico especialmente creado para no perder la motivación y ver cómo ésta se transforma en la búsqueda de soluciones. Es una técnica fácil para asimilar, identificar y plantear los pasos mínimos o iniciales necesarios para alcanzar una oportunidad deseada y convertirla en una acción satisfactoria, por lo que potenciará la capacidad de motivación de tus equipos y, por supuesto, de ti mismo.

Para desarrollarla es necesario que dibujes varios círculos como si de eslabones de una cadena se tratase, y comienza a trabajar por el último eslabón, el que más a la derecha se encuentra. En ese círculo escribirás la meta final que necesites convertir en posibilidad real. Este eslabón será nuestro C1 y será la guía de toda la cadena. Asegúrate de que el final de tu cadena sea exactamente aquel objetivo que deseas conseguir, y dedica unos minutos a visualizarlo.

El segundo paso será rellenar el eslabón que está enlazado con C1 por la izquierda. A éste lo denominaremos C2. Para ello necesitas preguntarte ¿qué necesito para que el siguiente eslabón suceda? Y una vez analizado, procede a comprobar que tu respuesta es la correcta con una segunda pregunta: ¿Lo que figura en este eslabón hace necesariamente que suceda el siguiente? Comprobando si la respuesta seleccionada C2 cumple con ambas preguntas de nuestro C1.

Una vez hecho esto, continúa creando un C3, un C4 y así consecutivamente hasta llegar a tu momento actual. Eso no sólo hará que sepas cómo comenzar con el primer paso y las decisiones posteriores, sino que te permitirá adaptarte a posibles inconvenientes que surjan en el camino. De esa manera perfilaremos las respuestas hasta que obtengamos unos eslabones que encajen y marquen una secuencia de las acciones necesarias para llegar a nuestro reto motivador. Incluso se podrán celebrar éxitos según se vayan completando los círculos.

Por ejemplo, si necesito ganar más dinero, esto es lo que figurará en el último eslabón, o C1: «Conseguir un aumento de sueldo». En C2, justo el anterior, habremos escrito que «Damaris Gutiérrez apruebe mi aumento de sueldo». Quizá en nuestro C3, «Conseguir una cita con la persona responsable», y en el C4 «Insistir llamando al 555-77-00 hasta que la secretaria de Damaris me dé una cita». En C5 estará escrito «Conseguir el teléfono directo de la secretaria de la persona responsable». Pero en C6, seguramente ponga algo como «Conseguir argumentos suficientes para merecer un aumento de sueldo», y unos anteriores pondrá «Consolidar un nuevo modelo que genere mayores ventas»... Y así hasta que identifiquemos el camino correcto, por escrito, perfectamente definido en acciones concretas que nos facilitarán la generación de oportunidades, dentro de nuestros círculos de la cadena de Kövard. Créeme, es más fácil de lo que parece.

Ayuda a que otras personas aprendan a fabricar sus propias cadenas de Kövard y sean independientes. Eso sí que será una gran proyección de generosidad y motivación. Además, la verdadera magia de esta herramienta es que no existen dos cadenas iguales. Con el mismo objetivo, según las circunstancias, la personalidad, el bagaje, etc., el resultado de los eslabones será completamente diferente. Será la única cadena que liberará tu motivación.

¿Qué necesito para que esto suceda?

¿Si se cumple esto, sucederá lo siguiente seguro?

C1 C2 C3 C4

53. ESTRATEGIA BEATLES

Si algo hicieron bien The Beatles fue conseguir que sus canciones fuesen memorables. No se trata de si es un grupo que te gusta o no, sino de que si alguien pronuncia *she loves you* automáticamente tu cabeza replica *yeah, yeah, yeah*. No importa tu edad, tu cultura musical, ni tus preferencias artísticas. Sencillamente sucede. Y lo más increíble es que esto ocurra con prácticamente todas sus canciones. ¿Sabes a qué se debe? Pues bien, el productor George Martin, además de ser el responsable de sustituir a Pete Best a la batería por el carismático Ringo Starr, sugirió a McCartney y a Lennon que comenzasen sus canciones con el estribillo. Esto facilitaba que las personas que los escuchaban por primera vez se aprendiesen rápidamente sus temas, y que además pudiesen comprar los singles de manera más sencilla puesto que el nombre de la canción se repetía en varias ocasiones en ella. *Love me do*, *Please, please me*, o *From me to you* fueron las primeras, pero ¿qué me dices del recuerdo que generan en tu cabeza las palabras *twist and shout* o *hard day´s night*? Pues eso, memorables.

Para utilizar este potenciador estratégico y con ello crear algo que veremos más adelante en el libro, denominado **hipertexto**, necesitaremos identificar un elemento que deseemos que la persona que hay que motivar recuerde. Por ejemplo, en las acciones formativas de mi empresa no existen los nombres tipo «curso de alta capacitación para las ventas y la atención al cliente», sino que los programas se llaman KISS, Monster, Héroes, etc. Con eso lo que se consigue es que todo se limite a ¿haces KISS en tu puesto de trabajo? y, a su vez, cada vez que la palabra KISS o incluso la marca de unos labios aparecen en la vida de los participantes recuerden el proyecto y, por ende, algunas de las técnicas. Crear un hipertexto es conseguir un vínculo entre un concepto y el proceso que esa persona ha decidido llevar a cabo. Pero no te preocupes que, como te he comentado, este concepto lo explico en el potenciador discursivo de «Los cuatro textos».

Así que ¿cómo llevo a cabo la estrategia Beatles? Estimulando la mente de la persona en la que deseas generar perdurabilidad y compromiso en su proceso de motivación.

Nuestra cabeza guarda los recuerdos junto a emociones asociadas, de tal forma que cuando tú escuchas una canción que ya apenas recordabas, lo que te invade no es sólo la letra o el nombre del grupo, sino que, además, lo hacen decenas de sentimientos referentes a la época y las vivencias en las que esa canción estaba enmarcada. Por lo tanto, y siguiendo esa sencilla lógica, generaremos en nuestras acciones una activación emocional y racional que consiga convertir su motivo y meta en algo constante, sin necesariamente referirnos a ello.

Primer paso. Identifica el término o concepto
Piensa en profundidad en el elemento que quieres utilizar y si es algo que fácilmente se asocia al proyecto o al plan de acción hacia el compromiso motivador. Debe ser algo certero y que la persona receptora lo asuma con rapidez. De tal manera que al evocar un estímulo con ese concepto, la asociación de ideas fluya en el sentido deseado.

Sirva como ejemplo nuestro último trabajo en una multinacional de comida a domicilio: incorporar un elemento como el lanzamiento de las pizzas en sus cocinas al preparar la masa. Esta actividad, ligada en su raíz con el proceso de cambio cultural por realizar, provoca que cada vez que los participantes o alguno de sus compañeros realicen esta maniobra, todos recuerdan de manera inconsciente que deben tener una actitud de mejora continua hacia el cliente y una mayor orientación a la venta. Volar una pizza significa estar cumpliendo con el proyecto. Ver que alguien la hace volar es provocar un autoanálisis hacia su compromiso con el proceso.

Segundo paso. Elección de elementos
Debes elegir qué elementos utilizarás para provocar esta dinámica a lo largo de los meses ya que, como es lógico, el nivel de aceptación, atención y seguimiento irán descendiendo y sutilmente esta acción debe provocar la renovación del compromiso con la motivación.

En nuestro ejemplo de las pizzas, la zona de estirado de masas se pasó a llamar «Zona de vuelo», utilizar la canción *Come fly with me* para diferentes momentos del proceso, realizar un concurso nacional de vuelo, regalar masas de silicona a los trabajadores o incluso establecer nombres a diferentes manipulaciones o pases entre compañeros fueron algunos de los elementos seleccionados.

Tercer paso. Acción inicial y dosificación

Una vez que todos estos elementos se han planificado, el siguiente movimiento es el de la acción inicial. La entrada debe estar justificada y ser aceptada como un detalle simbólico, no como algo trascendental, si bien es cierto que debe tener importancia en el desarrollo de nuestra comunicación. Una vez que se ha aceptado este elemento, debemos saber cuándo lanzar las siguientes acciones y recuerdos para no saturar y que deje de tener eficacia este recurso.

Para conseguir el volado de pizzas, comenzamos asociando este elemento a algunos datos técnicos que le daban valor, ya que el producto final tiene más calidad cuando en vez de estirar la masa con rodillo, se lanza al aire. Esto es gracias a la oxigenación, la eliminación de grumos, el estirado uniforme o incluso la sacudida del sobrante de harina. Todo el mundo quiere comprobar si se nota en el sabor, por lo que la mayoría de los participantes se animan a implementar esta nueva rutina. Además se les facilitó un vídeo explicativo hecho en exclusiva para ellos y un seguimiento para animarles y ayudarles a su compromiso inicial.

Cuarto paso. Apertura de conversación

Una de las ventajas de utilizar la estrategia Beatles es conseguir que estos estímulos que hemos activado nos sirvan como excusa para comenzar además la conversación cuando hacemos seguimiento. Este paso es básico si lo que deseamos es no parecer personas autoritarias o controladoras. Recuerda que estamos trabajando la motivación, así que debemos invitarles a que sean ellos quienes nos hagan partícipes de sus avances. Tras ver cómo una persona vuela una pizza, bastará con un sencillo «¿Y cómo llevas el resto?» para conseguirlo.

Felicitar a nuestros pizzeros por el esfuerzo, animarles a que te lo muestren en directo, y una vez que lo habías disfrutado invitarles a un «¿Y todo lo lleváis así de bien o hay algo en lo que aún vais más retrasados?», permitía el acceso a toda la información y, a su vez, a provocar ese recuerdo y memorabilidad que buscamos.

La estrategia Beatles te dará muchas alegrías, y, sobre todo, permitirá que la sensación de control, implantación y permanencia se adapten para conquistar una buena motivación en los equipos.

54. ESTRATEGIA AC/DC

Me encantaría poder hablarte de una enseñanza extraída del grupo de rock australiano de alto voltaje, surgido de las cenizas de The Easybeats, y electrizantes *riffs*. O quizá sacar una enseñanza de la famosa anécdota de Bon Scott cuando un empleado de Atlantic Records quiso tomarle el pelo preguntándole si era Ac o Dc, y él le respondió: «Yo soy el rayo que va en el medio». Pero no, la estrategia AC/DC de motivación es una fórmula que recordarás siempre, pues tiene que ver con una curiosa traducción del nombre. Sí, a los *eysi-disi* los utilizaremos para que nunca decaiga la motivación, y no sólo escuchando su música, sino memorizando su nombre. Fíjate:

Fase 1. «¡Eh!»
Todo comienza con una llamada de atención. Un despertar de la apatía, una observación respecto a lo que se está haciendo mal, o un foco para eliminar aquellas excusas que la otra persona o tú mismo se están poniendo. Al igual que la música de esta banda de rock, debe ser algo coherente con nuestro estilo, enérgico y concreto.

Fase 2. «¿Y si?»
Ante esa fase negativa o en la que el inmovilismo se ha apoderado de la persona por motivar, comenzaremos a exponer preguntas que conlleven desarrollo, reflexión y formulación de opciones. «¿Y si haces algo nuevo hoy?», «¿Y si cambias la estrategia? ¿Qué puedes hacer?», «¿Y si te planteas un objetivo nuevo para este año?», «¿Y si buscas ayuda para superar ese obstáculo?», etc. El truco está en exponer el «Y si...» como entrada y una opción para dirigir la acción o la reflexión. De ese modo centramos la conversación en lo que se puede hacer, no en lo que nos ha impedido avanzar. Es importante que repitas esta fase hasta que la negación desaparezca, sin entrar en juicios de valor ni provocar una discusión.

Fase 3. «Di sí»

Busca el compromiso con alguna de las ideas propuestas rompiendo la respuesta negativa recurrente. Haz ver a la persona o grupo que debes motivar su posicionamiento en la negación y dirígeles para que aprueben o acepten alguna propuesta. Preguntas tipo: «Entonces, ¿vas a hacer esto que dices?», «¿Te comprometes a hacerlo?», «¿Vas a intentarlo así?», etc., te ayudarán a cerrar y reforzar el acuerdo.

La estrategia AC/DC, pese a que es sencilla, debe ser sutil y directa. No debe parecer en ningún caso un guion aprendido, sino una conversación en la que todo fluye hacia el compromiso. Algo así:

—Oye, Andrés, este año te propusiste bajar de peso apuntándote al gimnasio. Estamos ya en mayo y aún no has comenzado, ¿no?
—Ya, pero ¿cuándo voy? Es que no tengo nada de tiempo.
—¿Y si sacas un hueco aunque sea los fines de semana?
—¡Sí, claro!, toda la semana trabajando y los fines de semana a hacer ejercicio, ¿no?
—¿Y si te propones hacer menos pero de manera más constante cada día?
—Si ya lo he intentado, pero es que al final el día a día te come.
—¿Tú quieres bajar de peso y apuntarte al gimnasio?
—Sí, si yo quiero, pero fíjate qué horario tengo.
—¿Y si propones tú una opción?
—Hombre, a ver... Podría, si todo va bien, llevar la bolsa en el coche y dedicarle treinta minutos antes de llegar a casa.
—Entonces, ¿vas a hacerlo?
—Si es que no depende sólo de mí, a ver qué va pasando.
—Si lo dejas todo en manos del destino no va a funcionar. ¿Te comprometes a hacerlo, sí o no?
—Venga vale..., lo hago el mes que viene.
—¿Y si empiezas el lunes y así no dejas que pase más tiempo?

Ésta es la estructura habitual que te encontrarás en una conversación de este tipo. La estrategia AC/DC, aunque podría pertenecer a los potenciadores discursivos, es estratégica porque el elemento fundamental es averiguar el momento idóneo y poder realizar un seguimiento posterior.

Los autores de *Thunderstruk* estarán orgullosos de servirte para recordarte la fórmula. Así no caerás en el *Highway to hell, Shoot to thrill.*

55. ESTRATEGIA KISS

Cuatro chicos en el camerino del Conventry Club de Queens deciden maquillarse al ver que de la actuación anterior alguien había olvidado una base de maquillaje de payaso blanca de la marca Stein´s, una barra grasa negra y un pintalabios color rojo Broadway. Lo hicieron por diversión, y porque sabían que habían vendido sólo cuatro entradas. Al día siguiente, dos reseñas en los periódicos hablaban de la extravagancia de su puesta en escena, de la incógnita de sus personalidades y de su calidad musical. Nadie mencionaba que sólo había cuatro asistentes. Cualquiera que supiese leer la situación entendería que las consecuencias de aquella broma en forma de pinturas faciales era algo que había cambiado para siempre la industria de la música. Acababan de descubrir una nueva fórmula: llevar su estética al límite para convertirla en su propia marca reconocible.

Pero no te preocupes, no te voy a pedir que te hagas rockero para tener motivación. Ni siquiera que le pintes la cara de blanco a nadie, aunque sé que te gustaría. Sencillamente quiero compartir una técnica para llevar al límite nuestra motivación y transformarla en acción duradera.

¿Has observado alguna vez que al primer pico de motivación inicial suele seguirle una etapa valle para después ir descendiendo poco a poco? Seguro que sí. Como cuando alguien se compromete a hacer un proyecto nuevo y la primera vez cambia el modelo, el sistema, incluso la forma de presentarlo, pero poco a poco se va acomodando y termina por ser descuidado con su propia creación.

Esto nos había sucedido con un proyecto que mi empresa llevó a cabo en una conocida marca de refrescos estadounidense, donde desde el departamento de RRHH había lanzado una campaña de hábitos saludables entre sus empleados. El objetivo era provocar una mayor conciencia de cuidado personal, incentivar una bajada de peso en gran parte de la plantilla y reforzar la autoestima de los trabajadores. Estos elementos obviamente repercutían además en la productividad, el descenso de bajas laborales y el aumento de la rentabilidad económica de la compañía. Como suelo decir en el mundo de las multinacionales: «Envuelve con el corazón las decisiones que ha tomado el cerebro». Habían acertado en incluir en el menú de su restaurante colectivo unos platos que permitían seguir una dieta baja de sal, vegetariana, e incluso baja en colesterol. También habían acertado al distribuir una serie de informaciones, en forma de correos electrónicos con noticias semanales, sobre el cuidado de la salud personal. Sin embargo, tras dos meses, la apertura de dichos emails había descendido a un escaso 13 por ciento y los trabajadores que probaban los menús saludables comenzaban a ser testimoniales.

Fue entonces cuando mi equipo y yo lanzamos la «Operación kilo». En primer lugar se realizó una sencilla prueba de ajuste al IMC personal, mostrando claramente a todos cuántos kilos debían perder (la mayoría), o ganar (alguno había), para estar en un umbral recomendado por la OMS. Se sumaron todos esos kilos y se redondeó en conjunto fijando una cifra: 1.000 kilos. Un reto: conseguir estar dentro del IMC antes de seis meses. Y un premio: si se conseguía superar esos 1.000 kilos se donaría una tonelada de alimentos para las personas con carencias alimentarias de la zona donde están situadas las oficinas centrales. La fórmula era sencilla, por cada kilo perdido o ganado hacia el correcto IMC, se añadía un kilo al montante global, y existía un ranking que mencionaba a los mayores donantes. Los participantes se sentían bien, mejoraban su salud, pero además recibían felicitaciones de los compañeros y piropos al ver que algunos habían perdido 5, 10 o incluso 15 kilos. Además, para que no decayese la motivación, a los *memos* y las noticias mencionadas se les incluyó una serie de vídeos de entrenamiento adaptados a su puesto de trabajo y horarios habituales, realizados por un profesional del *fitness*, con consejos para estar en mejor forma física incluso desde casa. Se sumaron actividades colectivas como excursiones, eventos deportivos e información de carreras o torneos de pádel que se realizasen por la zona para que de forma voluntaria y en su tiempo libre, quien quisiera pudiese participar. Para terminar, a los tres meses, se lanzó un juego que consistía en sumar pasos a través de una aplicación móvil. Con regalos para los tres ganadores como un día de spa, una sesión de masaje y un curso de comida saludable. El éxito fue rotundo: 400 empleados, 1.522 kilos. Pero, sobre todo, se introdujo en la conversación colectiva el deseo de cuidarse e, incluso a día de hoy, algunas de esas personas me escriben para agradecernos el cambio que aportamos en sus vidas. Y sí, las bajas laborales descendieron, por lo que la productividad aumentó.

La estrategia KISS es llevar las cosas al límite. Es pensar en grande y preguntarse: «¿Qué más puedo hacer?», seguido de una segunda pregunta que sea: «¿Es significativo o necesito algo mayor para que se note?», y rematar con una tercera pregunta que diga: «¿Va a dejar el legado que espero?». Por último, si este potenciador estratégico lo utilizas con tu equipo de trabajo deberías hacerte una cuarta pregunta: «¿Qué puedo hacer yo para acompañarles en el proceso?» y, sobre todo, una quinta de manera periódica: «¿Cómo sumo al itinerario para evitar la costumbre y con ella la apatía?».

Si la banda de Simmons no hubiese decidido pintarse la cara, quizá no le hubiesen añadido la vestimenta y los artificios pirotécnicos. Quizá hubiese sido un grupo más dando un concierto para cuatro fans, que quizá habrían llegado a ser 400.000. Pero ten claro que nunca habrían llegado a vender más de cien millones de discos en el mundo.

Hazlo grande, llévalo al límite y no te conformes con menos. Usa la estrategia KISS.

56. ESTRATEGIA ROLLING

Y, claro, si hablamos de estrategias con nombre de grupos de rock, es lógico pensar en ellos: los londinenses The Rolling Stones. Podríamos hablar de una estrategia basada en el marketing y utilizar su mencionada lengua. O de cómo hacer inmortal la motivación. E incluso crear una estrategia basada en descubrir cuál es la insatisfacción del grupo, hacia el objetivo o el proceso, y generar con ello una mejor manera de seguimiento. Pero no, si algo podemos aprender de los Rolling es a esforzarnos, a querer ser los mejores y no dejar de prepararnos para ello. Tras el último concierto de sus satánicas majestades, y mientras mi cuerpo aún estaba excitado por haber gritado junto a miles de personas *I can't get now, satisfacción*, pensé en cómo utilizar toda esa energía para ser infinitos en nuestra capacidad de perdurabilidad motivadora. He aquí el potenciador estratégico basado en los intérpretes de las motivadoras *Paint it Black*, *Sympathy for the devil* o *Start me up*: la regla de los ocho minutos.

Sabemos que cada día tiene 1.440 minutos, y eso no va a variar. Lo que sí varían son las acciones que debemos desarrollar a lo largo del día. Por lo tanto, cuantos más elementos tengamos que resolver y más problemas nos impidan alcanzar el logro de nuestro día a día, menos tiempo nos dejarán para nuestras verdaderas prioridades. El tiempo es tu aliado porque tus 1.440 minutos diarios no le pertenecen a nadie que no seas tú. Vive cada instante con la pasión, intensidad y ganas con que elegirías vivir los últimos días de tu vida. Así que si quieres que esos minutos tengan sentido, haz lo siguiente:

1. *Construye un infinito*
Simbólicamente, si levantas el icono del infinito, obtendrás un número 8. Asócialo a partir de hoy a tu motivación, la de tu equipo y al objetivo que te has planteado. El 8 será tu compañero de viaje. Será tu palanca diaria. Y, a partir de ahí, cada semana, no importa si es por la mañana, por la noche, lunes o sábado, debes encontrar un mo-

mento para ti y tu trabajo constante de introspección y planificación comprendido en veinticuatro minutos. Esto es, tres fases de ocho minutos. También si hablamos de motivar equipos provocaremos una reunión semanal para atender este proceso, a la que todo el mundo debe asistir con las preguntas que a continuación analizaremos resueltas en su mente.

2. Análisis de errores

Los primeros ocho minutos los dedicaremos a aquellos elementos de nuestra motivación, plan de acción o proceso que no hayan salido como deseábamos. En esta parte del proceso deberemos analizar qué ha ido mal, qué no ha dado resultado o incluso qué no se ha hecho. La enumeración no conllevará juicio, si bien es cierto que ayuda a que los responsables respondan sobre los posibles condicionantes que han provocado esa situación.

Tras cumplir escrupulosamente el tiempo de ocho minutos en la primera fase, se deberá pasar a la segunda. Si quedan temas pendientes no podrán ser atendidos hasta la semana siguiente, por lo que es imprescindible que se expongan las prioridades y se concrete en aquello más significativo para el desarrollo.

3. Reorientación

En la segunda fase se tomarán responsabilidades y decisiones orientadas a solventar los inconvenientes anteriores. De ahí la importancia de no dar soluciones en la fase anterior. Es ahora, y mientras se toma como referencia aquello que sí se ha realizado y cumplido con la expectativa deseada, cuando se alcanzarán acuerdos concretos para relanzar las acciones fallidas en la semana anterior. Entre estas decisiones pueden estar la de la reasignación de la persona responsable, el ajuste del objetivo, el nuevo planteamiento de la acción, o el descarte, si se ha llegado al resultado a través de otra tarea, o se considera que no aporta lo suficiente al objetivo como para invertir esa energía en ello.

4. Renovación del compromiso

Estos ocho minutos se utilizarán para aclarar dudas, tomar conciencia de las acciones y realizar preguntas. Es importante que cada participante comparta en voz alta a qué se compromete durante los siguientes siete días.

La persona que dirige la sesión deberá comprobar que todo está asignado, cada miembro del equipo entiende sus tareas y cómo debe llevarlas a cabo, y coordinar para que todo el mundo tenga las respuestas necesarias.

5. Celebración

Por último, te recomiendo que utilices seis minutos y completes la media hora para celebrar los éxitos. Reconoce el esfuerzo, agradece los avances y aquellos elementos conquistados dentro del proceso y honra a los participantes con algún detalle, gesto o palabra.

La regla de los ocho minutos, o la estrategia Rolling, funciona gracias a la continuidad del proceso. Es un elemento que nos permite crear un seguimiento, renovar el compromiso y agradecer el esfuerzo en nuestros equipos, o con nosotros mismos. Úsalo de manera regular y acostúmbrate a ver un infinito en cada 8. Acostúmbrate a sentir la energía de Jagger y su banda. Acostúmbrate a tener una motivación capaz de seguir llenando estadios pasados los setenta, y conseguir que toda persona se acerque al concierto pensando que será la última gira de estos históricos y salga convencida de que habrá una nueva ocasión de verlos. Todo es cuestión de montar nuestra motivación como si domásemos nuestros propios *Wild horses*.

⑧' ¿QUÉ NO SALIÓ COMO DESEABA?	⑧' ¿CÓMO PUEDO SUPERARLO?
⑥' ¿QUÉ SÍ SALIÓ BIEN?	⑧' ¿QUÉ ME COMPROMETO A HACER?

57. CABALLO DE TROYA

Y hablando de caballos, este potenciador estratégico es de esos que pueden cambiar toda tu visión acerca de lo que haces y cómo lo haces. Especialmente útil cuando quieres potenciar la motivación de una persona, o equipo, que desea vender sus propios servicios, cambiar el clima laboral de un departamento, ganar en reconocimiento o marca personal, o impulsar un proyecto para que sea un grupo con resistencia al cambio quien acabe liderándolo.

Supongo que conoces la historia. Fue Homero en su *Odisea* quien primero la menciona, y tras él, miles de referencias bibliográficas, cinéfilas o sociales han convertido este relato en un referente del engaño, el ingenio o sobre cómo adentrarse de manera creativa en territorio enemigo. Y, por favor, olvídate de la película de Brad Pitt porque poco tiene que ver con los hechos narrados. Quédate con la idea de que los griegos, ante la imposibilidad de superar las murallas troyanas, abandonaron la playa dejando como regalo y reconocimiento de su derrota un enorme caballo de madera. Tras las dudas iniciales, y el intento de quemar el artilugio, lo que hubiese dado al traste esta fantástica historia, derribaron parte de su muralla para introducir el equino de madera en el interior de la ciudad. Dentro permanecían unos cincuenta soldados que salieron y crearon la confusión y facilitaron la toma de la ciudad de Troya por el ejército griego a través de las murallas que ellos mismos habían destruido.

Pero teniendo en cuenta que siempre se hace referencia al engaño, ¿cómo utilizamos un caballo de Troya siendo buena gente? Pues bien. En ningún caso se trata de quedarse con los clientes de otra compañía que nos abre sus puertas o con quienes colaboramos. Tampoco se trata de aprovecharnos de una persona o empresa para sacarle rendimiento personal. Sencillamente se trata de un movimiento estratégico que nos permitirá generar una motivación duradera en nuestros equipos. En primer lugar, te explico las fases de este movimiento operativo en genérico.

Fase 1. Busca un nicho de clientes

Debes saber exactamente quién es tu público final. Para quién vas a generar la estrategia o a quiénes te interesa venderles el producto. Hazte atractivo para su poseedor o líder, que llamaremos Alpha. Haz que te conozca, que te valore y que quiera contar contigo.

El truco es saber identificar el objetivo, sus hábitos, deseos y anhelos. Esta labor de investigación es importante, ya que todo se basa en el beneficio que la otra persona va a sacar de ti. Prepara un buen discurso de impacto y recuerda que todo el mundo está más cerca de lo que crees.

Fase 2. Accede con un servicio o mensaje

Genera algo imprescindible para dicho público final demostrando tu valía. Haz que esa persona Alpha salga ganando con tu incorporación, colaboración y mensaje. Lo que conseguirás con esto es asentarte en la estructura como colaborador externo y será Alpha quien te venda a tu nicho de clientes final.

La clave de esta fase es focalizar tu intervención en algo útil y práctico para tu objetivo. Pese a que haya más personas y éstas no puedan ser ninguneadas, céntrate en satisfacer con un buen mensaje a tu público objetivo final.

Fase 3. Aprovecha su estructura

Conoce a los miembros del grupo, usa sus medios e instalaciones. Investiga de cerca sus hábitos, preferencias y necesidades. Es importante que desarrolles esta fase con sutileza y respeto hacia el grupo y hacia Alpha.

El quid reside en que sean esas personas las que se acerquen debido a los cebos comunicativos que has ido sembrando en tu ponencia o intervención. Esto es, pequeñas informaciones que sutilmente vas dejando en tu discurso.

Fase 4. Sorprende y ofrece

Ese grupo fue creado con una intención, para un objetivo o con un sentido. Ofrece a tu nicho de clientes, con la autorización de Alpha, un servicio o mensaje que no puedas desarrollar exclusivamente dentro del contexto actual, por lo que tendrás que crear otro. Algo que sea compatible con lo que desarrollabas para el grupo pero que lo hagas fuera de dicha estructura.

El truco de esta fase se encuentra en ceñir nuestra oferta a aquello que aporta a la otra persona y en lo que sabemos que pueden contar con nosotros. Pero no esperes que las cosas sucedan, provoca la situación con insinuaciones, comentarios e incluso acciones sutiles que generen la creencia individual o colectiva de que pueden y deben contar contigo.

Fase 5. *Sigue colaborando y devuelve*

Ser agradecido es fundamental, por lo que deberás seguir colaborando con el grupo inicial, si bien es cierto que puedes ir diluyendo tu energía o compromiso hasta llegar a un 20 por ciento de tu tiempo o esfuerzo, mientras le dedicas un 80 por ciento a tu actividad principal.

La esencia está en ser verdaderamente agradecido y seguir regando la tierra donde alguien una vez te ha dejado plantar. Comerse los frutos lo sabe hacer todo el mundo.

Así que hazme caso y no engañes a nadie. No te hace falta. Si quieres que una estrategia te sirva para introducirte en un grupo determinado y con ello conseguir establecer un proceso de motivación duradero en el tiempo, usa tu caballo de Troya, pero no destruyas sus murallas.

58. LA ORDEN JEDI

Puede o no gustarte la saga de *Star Wars*, pero sin duda conocerás a los Jedi, o como deberías llamarles, la Sagrada Orden de los Caballeros Jedi. Estos caballeros fueron los guardianes de la paz y la justicia de la República Galáctica, y se convirtieron en el más famoso de los varios grupos que se basaban en la Fuerza para obtener su poder. Dirigida por una serie de Consejos Jedi, la Orden creció a través de los milenios a pesar de enfrentarse a muchas pruebas, la gran mayoría amenazas de los Sith, usuarios del lado oscuro de la Fuerza. O eso al menos relata George Lucas en su saga cinematográfica.

Pero ¿cómo podemos utilizar a los Jedi como potenciador estratégico? No utilizaremos el nivel de telepatía, la telequinesis o la destreza con la espada láser. Aunque no cabe duda de que ayudaría, y bastante, a nuestra capacidad de gestión de equipos de trabajo. Sencillamente vamos a fijarnos en su estricta jerarquía. Una jerarquía meritocrática, basada en las acciones realizadas y en las capacidades. No en la edad, la procedencia o las habilidades de cada miembro, sino en cómo desarrollaban sus capacidades e iban superando pruebas.

Fase 1. *Plantea los rangos*
Estas distinciones no tienen por qué conllevar aumento económico, sino ser un rango que sirve para poder votar con mayor valor, o acceder a calificaciones, acciones o privilegios. Por ejemplo, los Jedi tenían seis: iniciado, padawan, caballero, maestro, consejero y gran maestro. ¿Qué seis rangos podrías poner tú en tu equipo? Recuerda, no están asociados a rango jerárquico, sino a otros elementos que veremos a continuación.

Fase 2. *Establece un listado de acciones*
Crea un itinerario de elementos que se deban cumplir para poder ingresar en cada uno de los rangos, deben ser conocidos por todos y ser tratados en igualdad de condiciones. Anakin Skywalker nunca fue

maestro Jedi, y no por su carencia de poder, sino porque le faltaban elementos básicos como la humildad y la generosidad. En tu equipo debes hacer un listado de al menos 10 elementos que todo el mundo pueda ir cumpliendo, enfocado ya desde su creación a alcanzar una excelencia a través del desarrollo de sus capacidades. Éste será el impulso de la motivación.

Fase 3. Crea un check list

Mensualmente, cada tres meses, o semestralmente, revisa las acciones y observa cómo cada miembro ha ido rellenando sus tareas en los *check list*. Comprueba que lo que está marcado no sea algo que se haya alcanzado una única vez, sino que ahora forma parte de su trabajo o hábitos. Estos *check list* podrán ser modificados anualmente, pero si esto ocurre, todos los miembros perderán sus rangos anteriores hasta que consigan de nuevo completar su *check list* correspondiente.

Lo ideal es que todos sean gran maestro, pero de los personajes conocidos de la saga fílmica sólo Yoda y Luke Skywalker lo han conseguido. Así que haz que los rangos sean de mayor exigencia y compromiso según se vayan aumentando.

Fase 4. Comunica los nuevos rangos

Cuando una persona termina su *check list* con éxito, merece un reconocimiento. Crea un símbolo en tu equipo que así lo comunique. Desde chapas, lugar donde se sitúa su escritorio, orden a la hora de hablar en las reuniones... Cualquier elemento simbólico servirá para hacer visible el rango de cada miembro y, por supuesto, reconoce y celebra el éxito.

En el universo de *Star Wars*, el Consejo reunía al miembro y el resto le comunicaba la noticia. ¿Qué te parece si son todos los miembros superiores los que comunican y aplauden a los de rangos bajos? Como digo, cualquier elemento simbólico creará equipo y generará mayor motivación.

Fase 5. Añade nuevos elementos
Poco a poco, los equipos irán conquistando los *check list*. Así que periódicamente, elimina de los 10 elementos dos que todo el mundo ya tenga cumplidos y añade dos del rango superior. De ese modo estarás consiguiendo que todos bajen un escalón, se dispongan a conquistar el puesto perdido y, a su vez, que todo el equipo se motive mejorando su excelencia.

La Orden Jedi es un potenciador estratégico unido a la gamificación y, por lo tanto, debe estar acompañado siempre de pequeñas recompensas y gratificaciones. Te recomiendo que en ningún caso lo ligues a elementos económicos o puestos jerárquicos. Renueva el compromiso a través del juego y establece unos *check list* visibles para todo el mundo. Sé claro en la comunicación, no como Yoda, y estricto en el cumplimiento de las normas, como el maestro Windu. Pero, sobre todo, adapta esta técnica a tu estilo de organización, tu situación y equipo, tal y como haría el gran Obi-Wan Kenobi.

Disfruta, juega, comprueba el *check list*... y ¡que la fuerza te acompañe!

59. EL TERCER PISTOLERO

De mis años trabajando en consultoría política, recuerdo las conversaciones con algunos de los mejores *spin doctors* del mundo y lo que me sorprendía era lo asumido que tenían la teoría del tercer pistolero. Se resume en lo siguiente: cuando existen dos candidatos fuertes, lo normal es que se enzarcen entre ellos en un duelo para deslegitimar al otro, por lo que un tercero puede limitarse a ofrecer sus propuestas en positivo y ganar un porcentaje de votos tal que le haga ganar o ser clave para formar gobierno.

Esta teoría no es de mi cosecha, sino que se basa en el equilibrio de Nash, de la teoría de juegos. Se explica habitualmente con tres pistoleros, imaginamos A, B y C. El pistolero A es el peor de los tres, el C nunca falla y el B suele acertar la mitad de los tiros. Lo más lógico es que el pistolero B empuñe su arma contra C para intentar tener una oportunidad, y B hará lo mismo para eliminar a su rival más fuerte confiando en que A falle su disparo. Ante esas circunstancias, se dan las condiciones para que A pueda hacer dos disparos al menos, por cada disparo de sus adversarios, duplicando las posibilidades de ganar el duelo.

Fase 1. Busca dos competidores

Somos seres polarizados. Siempre tenemos una opción que elegir. Rojos o azules. Izquierda o derecha. Fútbol o atletismo. Perros o gatos. Ying o yang. La luz o el lado oscuro. Y así nos pasamos la vida, creando sin darnos cuenta a nuestro alrededor una vida con miles de trincheras basadas en el «conmigo o contra mí».

Busca en tu equipo por motivar dos ideas enfrentadas y atiende a los movimientos de cada una de las partes. Revisa sus argumentarios, las personas que defienden una y otra opción, los ataques, puntos fuertes y débiles de cada uno. Como comprenderás, puedes aprovecharte de dos posturas ya creadas o enviar un globo sonda para que estas posturas se generen.

Fase 2. Encuentra sus puntos en común

Las personas, por regla general, no quieren batallas en su círculo íntimo o laboral, así que existirán elementos en los que ambos bandos estén de acuerdo. También existirán líneas rojas que ninguno de los bandos aceptará. Sin embargo, debido a la ceguera que provoca la batalla, no atenderán a dichos puntos de conexión y dedicarán sus esfuerzos a lo que les separa y no a forjar lo que les une. Ésta será la llave para crear un tercer pistolero.

Fase 3. Ofrece una opción amable

Dando por hecho las fortalezas de ambos bandos fuertes, creando soluciones sobre los elementos en las líneas rojas y haciendo propios los elementos positivos, crea una alternativa que busque el consenso pero con identidad propia. Este tercer pistolero renegará de las batallas y se distanciará de los bandos clásicos enarbolando las banderas de la alternativa, el consenso y el bien común. El truco está en fagocitar a seguidores de ambos bandos, por lo que no debes escorarte mucho hacia ninguna de las dos alternativas.

Fase 4. No entres en batalla

Al principio ignorarán la propuesta, ya que la considerarán menor o insignificante, lo que te permitirá unos máximos higiénicos de posicionamiento y crecimiento. Sin embargo, en cuanto obtengas un 15 por ciento de apoyo, comenzarán a atacarte. No entres en batalla y no te desgastes en las recriminaciones, sino en dar soluciones y mostrar tu eficacia.

Fase 5. Elige bien tus disparos

No desveles demasiados datos al principio, sino que debes crear un argumentario progresivo. De ese modo serás tú quien marcará la agenda de la conversación y las dos grandes opciones irán un paso por detrás siempre.

60. EL PADRINO

«... pero ahora vienes a mí a decir: "Don Corleone, pido justicia", y pides sin ningún respeto. No como un amigo, ni siquiera me llamas padrino. En cambio vienes a mi casa el día de la boda de mi hija a pedirme que mate por dinero.» Así comienza la gran película estadounidense *El padrino*, dirigida en 1972 por Francis Ford Coppola basada en la obra homónima de Mario Puzo, en la que Marlon Brando da vida a uno de los personajes más carismáticos y memorables de la historia del cine. Con permiso de Indiana Jones y Han Solo, claro.

En esa primera escena, vemos a un padrino enojado, incluso ofendido ante la petición de un curioso personaje ajeno a la organización criminal que Don Vito Corleone dirige. Sólo está dando valor a su acción, ya que acabará haciéndolo, pero dejando claro cómo se forja un imperio: a base de favores.

Por desgracia, algunas personas han entendido mal el mensaje y esto ha llevado a decenas de escándalos de corrupción política, económica o corporativa. No obstante, el padrino nos deja una enseñanza que, bien utilizada, se transforma en un excelente potenciador estratégico. Utilízalo para generar vínculos con equipos que debes motivar, para potenciar los lazos afectivos entre los miembros de un equipo, e incluso para reforzar el principio de autoridad y ganar el respeto ante un grupo de trabajo hostil.

Fase 1. Localiza tus objetivos
Encuentra en tu grupo sus necesidades y problemas. Escucha sus conversaciones y presta especial atención a aquello que les lastra, les molesta o les genera inquietud. Si esos elementos persisten en su cabeza es porque suelen encontrarse con ellos a menudo, por lo que ese problema no tardará en volver a sus vidas.

Fase 2. Ten agilidad para responder
Cuando el problema persista o notes que ese inconveniente vuelve a

aparecer, interésate por el estado de las personas y espera que sean ellos quienes te pidan ayuda. Muéstrate disponible, pero haz referencia al esfuerzo que ello requiere. Es decir, pon en valor tu acción.

Fase 3. Soluciona sus problemas
Como llevas tiempo escuchando y preparándote para que ello suceda, sabrás dar una solución eficaz y eficiente a dicho problema. Esto generará un sentimiento de gratitud, unido al reconocimiento de tu liderazgo, que te permitirá aumentar tu capacidad motivadora. Además, habrás conseguido disminuir el estrés y te habrás posicionado como una referencia. No cobres por ello, pero deja claro a quien lo ha recibido que es un favor. Algo que te ha costado un esfuerzo y que no estabas en la obligación de resolverlo.

Fase 4. Deja que la creencia se establezca
«Ésta es la filosofía que quiero que reine en el equipo, si alguien puede solucionarle un problema al compañero, lo hace.» Liderar con el ejemplo es crear una cadena de favores inquebrantable. Establecer la creencia significa forjar un nuevo paradigma en el que los favores son un elemento más de intercambio que, lejos del favoritismo, genera vínculos especiales entre los miembros de un equipo.

Fase 5. Cobra tus deudas
Pasado un tiempo, hazles una oferta que no puedan rechazar. Tu red de favores habrá sido tan extendida que no podrán negarse a ello, y desde esa posición de liderazgo ejemplar reorienta esa energía hacia el nuevo motivo o acción que hay que dirigir. Al fin y al cabo, te deben un favor, ¿no?

Este potenciador estratégico necesita su tiempo, y debe construirse desde la ética. Nunca intentes generar una red clientelar, deudas morales o súbditos a base de otorgar favores. Te aseguro que ese recorrido estará viciado en poco tiempo, y no tardarán en nacer secciones que vayan radicalmente en tu contra y no hayan aceptado nunca tus proposiciones de ayuda.

El objeto de este potenciador se basa más bien en el «*do ut des*» latino; es decir, «dar para recibir». La expresión simboliza una forma de ver la vida, un sentimiento global de generosidad real. Dar para recibir. Es incontestable la capacidad del ser humano para convertirse en un extraño ser avaricioso y huraño. Contra eso no podemos luchar, o al menos no nosotros. Debemos, sin embargo, generar un intercambio rico y limpio. Sin esperar nada a cambio. Ofrezco mis gestos de colaboración, simplemente porque eso me hace feliz a mí también. A toda persona le gusta sentirse respaldada, apoyada y motivada. No obstante, nos cuesta mucho hacer lo propio con nuestros semejantes, simplemente por el hecho de hacerlo.

El padrino, bien utilizado, genera agradecimiento y sentimiento de colaboración y camaradería. Créeme que si lo haces como debes, potenciarás la motivación y no te hará falta meter cabezas de caballo en la cama de nadie para conseguir que la gente se motive.

PARTE 6

POTENCIADORES DISCURSIVOS EMOCIONALES

INTRODUCCIÓN

Los potenciadores discursivos vienen a elevar a través de la palabra aquello que deseamos conseguir, haciendo perdurable y anclando en nuestra memoria el motivo por el que actuamos. Estos potenciadores son fundamentales si deseamos generar compromiso perdurable a través de la motivación de otras personas. Se necesitará crear el estímulo de un discurso bien construido, en el que se respondan todas las preguntas esenciales que el receptor del mensaje requerirá para generar el impulso que le lleve a la acción.

Los potenciadores discursivos se podrían resumir en el conjunto de técnicas que consiguen que nuestro mensaje provoque una acción perdurable y duradera. E incluso inmediata. Sin embargo, no sirve sólo con conocer algunas de estas técnicas, sino que habrá que aprender a ajustar cada una de ellas al momento idóneo. Con las personas indicadas y los mensajes oportunos.

Por ejemplo, si en el pasillo de un hotel comienzas a gritar «fuego» mientras golpeas las puertas y corres hacia la escalera, no tardarán en seguirte decenas de huéspedes que sin haber olido ni siquiera el humo preferirán creer el discurso y acceder a tu llamada a la acción encubierta («corre a salvar tu vida que sales ardiendo»). Ahora bien, ¿y si proclamas ese mismo grito en la playa? ¿O en un parque de bomberos? Sin duda el resultado será diferente ¿verdad? E, incluso, si vuelves al hotel, llamas a una puerta y con tono tranquilo y sosegado indicas a tu vecino de habitación algo como: «Disculpe las molestias, es que estaba fumando en mi habitación, aun sabiendo que las normas indican claramente que no se puede hacer, pero no pude controlar mi agotamiento físico y me he quedado dormido. Minutos después mi habitación está ardiendo con unas llamaradas de una intensidad suficiente para no poder ser apagadas por mí mismo. Me gustaría aconsejarle que coja aquello que necesite y salga del hotel para resguardarse de este inoportuno accidente». Lo curioso será que en vez de correr, el huésped querrá ver con sus propios ojos las llamas, e incluso se ofrecerá a apagarlas contigo si se ve capaz. No todas las palabras consiguen los mismos resultados. Ni pronunciar las mismas palabras ante distintas situaciones o personas. De ahí la importancia de conocer las técnicas y utilizarlas oportunamente.

Usa los potenciadores discursivos y hazlos tuyos. Estoy convencido de que no te será difícil si sigues los pasos que a continuación comparto contigo, y recuerda: una herramienta es sólo eso, un instrumento para ser utilizado. Las consecuencias de su uso sólo residen en la intención de quien la llevó a la acción; denominarlo manipulación, influencia, persuasión, dirección, argumentación, sugestión o, por supuesto, motivación se fundamentará en la intención de su uso. El filtro básico de los valores y la ética personal será la quintaesencia fundamental que preservará el buen juicio del emisor motivador.

61. LOS CUATRO TEXTOS

Si el discurso es el arma esencial que utilizaremos para renovar nuestro mensaje y provocar en otras personas una motivación perdurable, debemos entender que los pilares esenciales que lo sostienen todo son los que se afianzan en los cuatro textos. Esto es, los cuatro elementos imprescindibles a la hora de entender y planificar nuestro discurso para que tenga el sentido, impacto e influencia deseados.

Pretexto
Habla cuando sea oportuno. Genera un motivo lo suficientemente sólido como para que tus palabras sean requeridas por la audiencia. Aquella persona que habla de todo, todo el tiempo, acaba restando valor a sus intervenciones. Así que céntrate en lo que de verdad conoces, genera un motivo con el que te sientas cómodo y, desde esa posición, tendrás más facilidades para influir con tu palabra y, por lo tanto, motivar.

El pretexto se puede generar si a través de la conversación sabes hilar los temas con sutileza. Buscar acabar hablando de aquello en lo que de verdad quieres apoyarte para lanzar tu mensaje. Hacer este movimiento motivador en el instante adecuado ayuda a mejorar el impacto. No tengas prisa y genera el pretexto adecuado.

Texto
Los mensajes que lanzaremos estarán definidos por nuestros objetivos, la situación y nuestra capacidad, pero, sobre todo, el texto se adaptará a nuestro interlocutor. Pero no como asumían los viejos manuales de comunicación en los que acabábamos convirtiéndonos en loros que repetían los mensajes de la audiencia, sino adaptándonos a su capacidad de comprensión. El objetivo es impactar con nuestras palabras y generar una llamada a la acción, por lo que el discurso debe ser claro, conciso y entendible para el oyente. Y si hay personas dispares, adáptalo para que lo puedan asimilar todos desde la sencillez.

Los potenciadores discursivos que vienen a continuación a lo largo de la sección te servirán para construir textos a la altura de tus necesidades. Y recuerda algo esencial, comunicar con eficacia es ser capaz de transmitir una idea y generar las consecuencias deseadas. Concéntrate en perfeccionar las técnicas, pero no olvides que ésa es la base de todo: transmisión y consecuencia.

Contexto

El instante, el espacio y las personas que serán parte de nuestra comunicación motivadora. Seguro que en más de una ocasión has tenido que decir aquello de que una conversación no fue «ni en el momento, ni en el lugar» adecuados. Incluso no serán pocas las ocasiones en que recibiste un mensaje delante de alguien que te generó incomodidad, o a la otra persona. Son pruebas básicas de que el contexto no era adecuado.

A veces el contexto no puede crearse, debido a las condiciones físicas o la situación en que nos encontramos. Será entonces cuando tengamos que hacer un esfuerzo para adaptar nuestro texto y pretexto. Dicen que hay dos cosas que no vuelven atrás, la palabra dada y la palabra perdida. Cada palabra dada debe ser una palabra cumplida, pues es un compromiso. Así que adapta a la perfección lo que quieres decir, y si no sabes si vas a poder cumplirlo, no lo digas.

Gestionar el contexto, siempre que nos sea permitido, es alinear el momento idóneo, el lugar oportuno y la persona correcta.

Hipertexto

Hipertexto es el término con el que defino el conjunto de métodos o procedimientos para hacer llegar un mensaje y que éste sea perdurable en el tiempo. Puede integrar soportes tales como: texto, imagen, vídeo, audio, mapas y otros soportes de información emergentes, de tal modo que el resultado obtenido sea la memorabilidad del mensaje.

Gestionar el hipertexto nos ayuda a generar recuerdos positivos con el compromiso, la motivación y la llamada a la acción. Su buena construcción facilita la perdurabilidad de un mensaje y evita esfuerzos posteriores, ya que no se comienza nunca desde cero a la hora de motivar a esa persona.

Así pues, trabajar los cuatro textos, como si de los cuatro pilares esenciales de nuestra estrategia de comunicación se tratase, se convierte en nuestro primer potenciador discursivo. Practica hasta que lo tengas dominado, salga con fluidez y recapacita sobre aquellas veces en las que uno de los textos poco firmes ha hecho que se te derrumbe todo lo que habías querido construir sobre ellos.

62. DISCURSO ILUSIONANTE

La estrategia para alcanzar una correcta motivación se basa en aprender a construir un verdadero discurso ilusionante. El 80 por ciento de los mensajes se pierden por no haber sido capaces de hacer sentir emociones a nuestros oyentes. ¿Imaginas cuánto tiempo y cuántas palabras estás desperdiciando cada día cuando intentas generar motivación?

La fórmula es sencilla. Debemos articular mejor los discursos para convertirlos en un texto vivo, lleno de energía, capaz de demostrar que conocemos la realidad, pero que también tenemos empatía y nos hacemos cargo de las emociones y factores intangibles que son recreados en la cabeza de quien nos escucha. El método que he desarrollado en este aspecto cubre bien estas expectativas, consigue atrapar al oyente desde el primer minuto y convierte unas frases sueltas en una herramienta extraordinariamente poderosa.

El discurso se divide en cinco fases fundamentales, que, como puedes ver en el dibujo de la página siguiente, va discurriendo entre aspectos racionales y tangibles cuando está por encima de la línea transversal, o aspectos emocionales e intangibles al recorrer la parte de debajo de nuestra línea imaginaria.

Entendiendo como «racional y tangible» cuando hablamos de elementos técnicos, visibles y comprobables por todo el mundo.

Como contrapunto, me referiré a elementos «emocionales e intangibles» cuando se trate de todos aquellos que hagan referencia a los sentimientos, emociones, a situaciones inventadas, a percepciones u opiniones propias.

El segundo apunte teórico para tener en cuenta es que cuando la línea del discurso sube, estaremos hablando de aspectos positivos, y cuando baja, de elementos negativos.

A. *Fase de acercamiento.* En esta primera fase nos acercaremos al oyente, y para ello debemos elogiar algo con aspectos racionales, tangibles y positivos. De esa manera eliminaremos las reticencias iniciales y conseguiremos que nos escuchen. Se trata de que se sorprendan al vernos reconocer parte de su argumentario, o de sus anclajes. En ningún caso hablaremos en esta fase de nuestra empresa, nuestro proyecto, nuestro partido político o nuestras intenciones.

Pregunta guía: De la situación real, ¿qué aspectos positivos contrastables hay?

B. Fase de aceptación. Una vez que hemos conseguido que el oyente se relaje, comenzamos a hablar de los elementos racionales, tangibles y negativos que la situación actual arrastra. Con esta fase y complementando a la anterior demostraremos que conocemos en profundidad los matices de la situación real. El oyente comprende que somos equilibrados conocedores de la materia, pues demostramos tener control sobre la realidad del tema que hay que tratar. En ningún caso hablaremos aún de nuestra empresa, intenciones, proyecto u objetivo. Sé que tienes ganas, pero ya queda poco para hacerlo.

Pregunta guía: De la situación real, ¿qué problemas o dificultades contrastables existen?

C. Fase de empatía. Continuamos la línea de carácter negativo, pero ahora comenzamos a explotar los elementos emocionales e intangibles hablando de qué emociones podrán ocasionarles si continuamos con la realidad proyectada en la fase de aceptación. Esta fase es la más importante, pues la utilizaremos para empatizar y conectar con el oyente. De esa manera no sólo le demostraremos que conocemos la realidad, sino que además sabrá que nos solidarizamos con sus inquietudes y sentimientos. Sólo al final de esta fase mencionaremos sutilmente a la competencia, otros proyectos o posibilidades. Presta especial atención a ésta, pues es la parte del discurso que más nos cuesta crear.

Pregunta guía: ¿Qué sentimientos y emociones negativas generan las dificultades de la fase de aceptación?

D. Fase de ilusión. Una vez que consigamos conectar emocionalmente con nuestro foro, algo visible como sus movimientos afirmativos de cabeza u otros gestos similares, comenzaremos nuestra línea de discurso ascendente con elementos emocionales e intangibles positivos. Una fase imprescindible para generar ilusión, para demostrar que tenemos un concepto cargado de positividad, pero, sobre todo, que apostamos por la ilusión de otra realidad. Gracias a estos elementos intangibles positivos vamos a conseguir crear la visión de los resultados positivos. En esta fase comenzamos a referirnos a nuestro proyecto, partido político, objetivo o intención. Es importante que esta fase esté repleta de frases constructivas, ya que es en la que ilusionaremos al oyente.

Pregunta guía: ¿Qué sentimientos y emociones positivas te gustaría que tu oyente disfrutase y se van a provocar con la fase de acción?

E. Fase de acción. Nuestro relato hasta este momento ha demostrado que conocemos la situación real, que empatizamos con los sentimientos negativos y que ilusionamos con una visión emocional positiva. Ha llegado el momento de sacar nuestra propuesta empresarial. Utilizaremos elementos reales, tangibles y positivos para exponer nuestra idea fuerza o nuestras intenciones. Aquí es donde utilizaremos el nombre de nuestra empresa, de nuestro proyecto, nuestras intenciones u objetivos. Planearemos lo que queremos y resumiremos con aspectos muy claros lo que queremos que la gente haga.

Preguntas guía: ¿Qué ofrezco? Y ¿Qué quieres que haga tu oyente?

Utilizar un discurso ilusionante es fundamental para generar el concepto de grupo, para atraer al talento o para fidelizar a tus clientes o trabajadores. Potencia nuestra imagen y genera en el resto la percepción de persona poco conflictiva, empática, conocedora de la realidad y con soluciones.

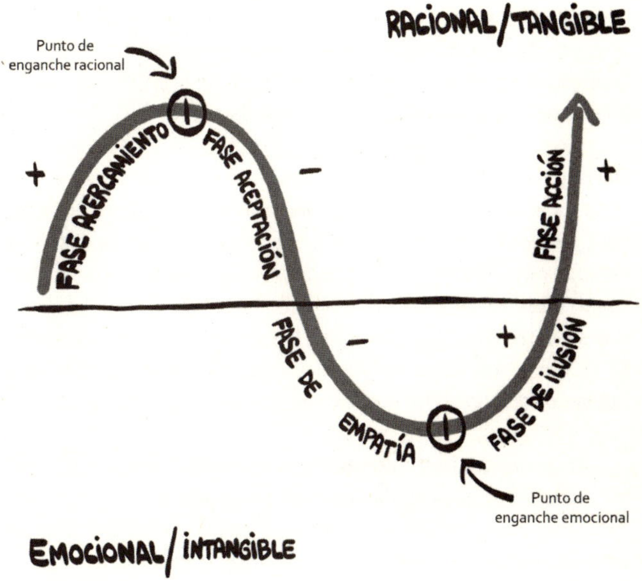
RACIONAL/TANGIBLE
Punto de
enganche racional
FASE ACERCAMIENTO
FASE ACEPTACIÓN
FASE DE
EMPATÍA
FASE DE ILUSIÓN
FASE ACCIÓN
+
−
−
+
+
Punto de
enganche emocional
EMOCIONAL/INTANGIBLE

63. DISCURSO HOLLYWOOD

El discurso ilusionante es poderoso y útil en todos los escenarios imaginables, pero considera por un momento que a la hora de crear un mensaje motivador quieres seguir una fórmula diferente. Ya sea para variar, o porque no te acostumbras a la fase emocional. Éste es el objetivo del discurso Hollywood. Un método sólido y sencillo para unir tus ideas y conseguir el impacto deseado. Existen cinco fases de construcción independiente, pero que unidas en el orden que te indico conseguirán ser un eficaz potenciador discursivo:

Opening. Éstos son los primeros instantes de tu discurso, y por eso debes alcanzar la conexión con las personas que te están escuchando. Para conseguir que esos primeros segundos sean memorables y te sirvan para la historia, comienza con una pregunta retórica, un dato impactante o una historia anecdótica. Es decir, según cómo deseemos que se desarrolle nuestro discurso, comenzaremos con una u otra. Esta pieza la podremos cambiar si al rematar las siguientes fases consideramos que usando otra opción ganamos en impacto.

Pregunta: «¿Cuántos de vosotros os habéis lamentado alguna vez por no haber sabido expresar correctamente algo?».

Dato: «Es impactante que el 54 por ciento de los directivos de este país valoren su comunicación como mala o muy mala».

Anécdota: «Ayer terminé mi sesión con un miembro del consejo de dirección de una compañía, y tras doce horas, en las que hemos sufrido, trabajado intensamente, evolucionado y, por supuesto, divertido, buscando que este hombre aprenda a enfocarse, cuidar los detalles y ser excelente, me quedé sorprendido cuando me dio la mano y me dijo: "Gracias, Raúl". Me llamo Rubén».

Reality. Tras este primer golpe, necesitaremos una segunda fase en la que expliquemos el motivo de nuestro discurso. Esta vez lo haremos de manera lineal y sin giros, a diferencia de la técnica anterior. Lo cual no quiere decir que lo tengamos que hacer de manera aburrida. Para conseguir que las personas se motiven, será vital que en esta sección del discurso nos ganemos su aprobación y autoridad. Para ello utilizaremos una pregunta empática, datos argumentales o una anécdota anzuelo. Eso sí, como puedes entender, no podrás utilizar en las dos fases iniciales la misma opción. Si elegiste la pregunta en *opening*, no la podrás utilizar en *reality*.

P: «¿Cuántos de vosotros se han sentido en alguna ocasión tristes e incluso indignados al ver que alguien con menor preparación se quedaba con nuestro éxito sólo porque había sido capaz de comunicarse mejor?».

D: «El 82 por ciento de las ideas creativas que se aportan en un equipo de trabajo se pierden por no haber sido explicadas con claridad».

A: «Nos pasamos el día comunicando, hablamos con la familia, los clientes, compañeros o hijos. En ocasiones ocupamos el rol de responsables, de maestros, en otros de aprendices, de clientes o de personas que deben motivar a otros. Y aun así seguimos diciendo una terrible frase: "Yo no sé (o no se me da bien) hablar en público"».

Know your Enemy. Los villanos, el enemigo que te dificultará alcanzar tu meta. Siempre aparecen en esta fase de la película para que tú entiendas que ante esta situación todo es muy complicado, y así se le da mayor valor a la historia del protagonista. Reconocer su existencia en nuestro discurso nos evita luchar contra las justificaciones, excusas o juicios de nuestro interlocutor. Debemos incidir en aquellos elementos que nos van a dificultar el éxito y describirlos con concreción.

Por ejemplo, en nuestro discurso de prueba enunciaremos algo similar a esto: «El sentirnos juzgados, el miedo a las consecuencias, la gestión de la incertidumbre, nuestra autoestima, las creencias limitantes o nuestra falta de recursos son los verdaderos enemigos. Nadie puede motivarse o motivar a otros si cuando debe crear un discurso, éstas son las verdades absolutas en las que naufragan sus mensajes. Por eso nos expresamos con dificultad. Por eso nos cuesta obtener el resultado esperado». Recuerda, debe estar alineado con las dos fases anteriores y que todo vaya cobrando sentido.

Final Battle. Es el momento de la batalla, cuando se enfrentan el bien y el mal, o el protagonista contra sí mismo. Es el momento en que se consigue mayor atención por parte del espectador y así debe ser en nuestro discurso si lo hemos construido con fuertes pilares. En esta fase debes responder: ¿Quién debe hacer algo? ¿Qué se puede y debe hacer? Y, sobre todo, ¿cómo superar al enemigo que antes has descrito?

Serviría, como en *know your enemy*, un único texto para nuestro ejemplo, pese a las elecciones iniciales. Algo así: «Tienes en tu mano la posibilidad de crear discursos influyentes, de aumentar tu carisma y tu capacidad de impacto. Has sabido generar un motivo, esquivar los elementos tóxicos y asumir los potenciadores estratégicos como parte propia. Pero es ahora cuando todo cobrará aún mayor poder, adquiriendo la capacidad de motivación a través de nuestras palabras. Lee con atención las siguientes técnicas, ponlas a prueba, interiorízalas y pronto podrás disfrutar de los resultados». Ganan los buenos. Siempre. Y, por eso, debes incluir elementos positivos y que ilusionen en este apartado.

Sunset. Por último, cabalgamos hacia la puesta de sol sabiendo que hemos cumplido nuestro cometido al haber dejado un buen sabor de boca. En nuestro discurso usaremos una pregunta, un dato o una anécdota, y este elemento será aquel que no hayamos utilizado anteriormente en las fases de *opening* y *reality*. Por eso es bueno y te recomiendo que hasta que te acostumbres crees las tres opciones, y luego te resultará más sencillo elegir qué funciona mejor en cada fase. Ahora bien, si quieres que tenga más fuerza aún, puedes justo antes de pasar a esta fase recordar lo que dijiste al inicio. Esto es recomendado, sobre todo en discursos algo más largos o si deseamos remarcar aún más el final.

P: «¿Cuántos de vosotros le daríais una oportunidad al resto del libro teniendo en cuenta todo lo que ya os ha aportado?».

D: «Sólo aprendemos el 10 por ciento de las cosas que leemos y el 90 por ciento de las cosas que decimos y hacemos. Si queremos llegar a ser grandes comunicadores, comencemos leyendo pero, sobre todo, pongamos en práctica las herramientas que vienen a continuación».

A: «El otro día mi mujer me dijo que se sentía orgullosa de mí por empezar a hacer deporte. Y ahí estaba yo, con mis mallas en modo embutido, mis zapatillas fluorescentes y mi lengua a la altura de las rodillas pensando en cómo había sido capaz de dejarme convencer para ello. Os diré dos cosas, la primera es que ella fue la primera lectora de este libro y utilizó una técnica que viene a continuación. La segunda, y más importante, es que si la recompensa es verla feliz, me alegra que ella utilice el libro y me mire con esos ojos de orgullo. Yo seguiré corriendo cada día hasta ponerme en forma. Ella sabe cómo motivar con eficacia, y yo estoy agradecido por ello».

A partir de aquí, rellena los pequeños huecos con elementos que sumen a la historia y cuida los detalles. Elige la opción que desees en cada parte de la estructura, arma tu discurso y consigue crear un mensaje de película. No puedes fallar.

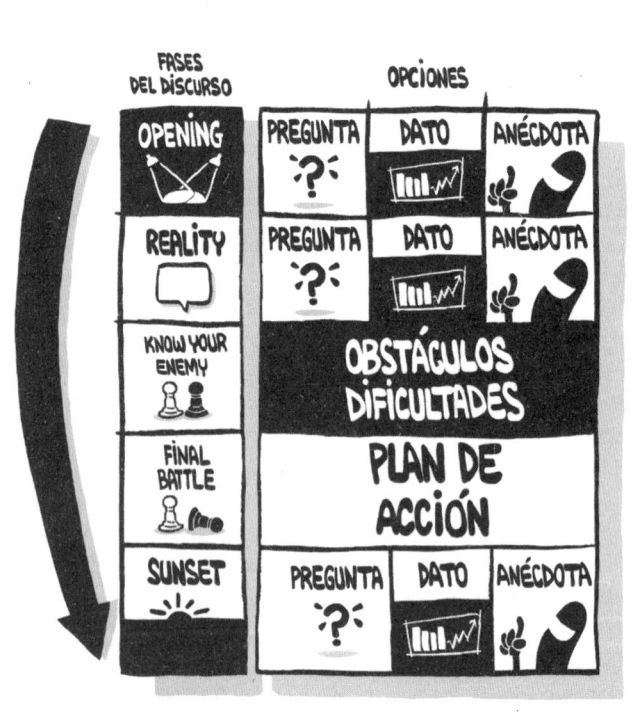

FASES DEL DISCURSO	OPCIONES		
OPENING	PREGUNTA	DATO	ANÉCDOTA
REALITY	PREGUNTA	DATO	ANÉCDOTA
KNOW YOUR ENEMY	OBSTÁCULOS DIFICULTADES		
FINAL BATTLE	PLAN DE ACCIÓN		
SUNSET	PREGUNTA	DATO	ANÉCDOTA

64. DISCURSO PIRAMIDAL

El discurso piramidal es, de los cinco que quiero compartir contigo, el más sencillo de todos. Ahora bien, su uso es sólo recomendado cuando el tiempo es escaso, el público difícil, te enfrentas a la prensa o necesitas que la persona con la que hablas recuerde una idea fundamental de cara a activar su motivación o, mejor dicho, su acción.

El discurso piramidal tiene también cinco fases, como los dos anteriores, y su forma de pirámide invertida responde a la cantidad de atención que tienen las personas que nos escuchan. Es decir, la intensidad de atención y retención es mayor al inicio de nuestro discurso, y luego iremos perdiendo dicho impacto. Algo que en los discursos anteriores evitábamos con giros y cambios, pero que en este incluso lo provocaremos en aras de un alto impacto ante un entorno hostil.

A. *Fase de titular*. Este primer apartado recoge la frase que queremos que todo el mundo recuerde, sería el titular de nuestra noticia. Aquello que queremos que las personas que nos escuchan retengan, les llame la atención y sirva como efecto *shock*. Por eso mismo debe ser algo impactante y de menos de 10 palabras. Utiliza una oración sencilla y concreta.

B. *Fase de la idea principal*. Acto seguido explicaremos el acto esencial que necesitamos. La petición pura hacia la otra persona. Si conocemos su motivador, será aquí cuando lo utilizaremos. Esta fase deberá ser también bastante corta, ya que es una fase de comunicación directiva en la que se está transmitiendo una llamada a la acción. Usa un mensaje claro y conciso sobre una acción determinada, que estará obviamente enmarcada gracias al pretexto, al contexto y al hipertexto de tu conversación.

C. *Fase de motivadores*. La tercera fase será en la que expliquemos el objetivo de esa acción, para posteriormente responder a las razones de dicha comunicación. La idea es que nuestro receptor tenga claro el porqué y el para qué de la acción que debe realizar. Ambos elementos, como hemos visto ya en este libro, son fundamentales para encontrar el motivador esencial que generará la dinámica activa.

D. Fase de consecuencias. Esta fase, en la que conscientemente la capacidad de atención de nuestro interlocutor ha disminuido, la utilizaremos para hablar de las consecuencias del inmovilismo. Y aunque no sea el objetivo de nuestro discurso, ni se trate de generar miedo, que sabemos que es un buen motivador extrínseco, no podremos evitar que quien recibe el mensaje haga sus cábalas pensando en las consecuencias.

E. Fase de recuerdo detallado. Si en la fase de la idea principal contábamos unas pinceladas de lo que queríamos apreciar, es aquí, al final del discurso, cuando desarrollaremos los matices de dicha tarea. Sabemos que el nivel de atención habrá disminuido mucho, por lo que podemos desarrollar la idea sin más, o si queremos conseguir una mayor atención, repetimos de nuevo el titular y acto seguido abordamos la tarea con mayor profundidad.

Lo bueno que tiene este discurso es que conquista la mente de las personas gracias a concatenar diferentes pirámides para conseguir desarmar las excusas de la otra persona, repitiendo alternativas de las fases inicial y final hasta que alcances el compromiso de la otra persona.

El discurso piramidal, una vez construido, es muy sólido, y utilizaremos tantas pirámides menores como sean necesarias. Eso sí, recuerda que el final debe ser un acuerdo en firme y un mensaje de aliento para que la motivación sea llevada a la acción. Como te decía, es el más sencillo, pero, sin duda, el más directivo de todos. Utilízalo sólo cuando el contexto esté en tu contra.

65. DISCURSO DEL HÉROE

En contraposición al anterior, el viaje del héroe, utilizado por innumerables escritores clásicos, e incluso por los más contemporáneos guionistas de hoy en día, es algo más complicado de armar en un único discurso. Si necesitases leer algún libro para comprenderlo mejor, te recomiendo la *Odisea*, *El señor de los anillos*, *Spiderman* o *Harry Potter*. Si eres más de cine y palomitas, puedes ver el viaje del héroe en *Star Wars*, *Men in Black I*, *Matrix* o *Regreso al futuro*. Ahora bien, aunque nada novedoso, el discurso basado en el denominado viaje del héroe por Joseph Campbell, o monomito, es un buen potenciador para construir una línea argumental de nuestra comunicación motivadora. Este discurso es además una buena arma en la lucha contra la resistencia al cambio.

El discurso monomito se sostiene en doce pasos y es cíclico; es decir, se puede utilizar una y otra vez, ya que el último paso nos deja a nivel narrativo en el mismo lugar en que comenzamos. Pero veamos cómo se puede aplicar el viaje del héroe a la motivación, ya que esta fórmula narrativa la han utilizado mucho escritores, conferenciantes, profesores... Centrémonos en el significado de cada paso y su aplicación práctica. Éstos son los doce pasos del discurso monomito:

A. *Mundo ordinario.* Los protagonistas desconocen su problema u oportunidad. Reina la calma y todo está en su lugar. Se presenta la realidad como aceptable o idílica.

B. *Llamada a la aventura.* Algo sucede que desestabiliza la normalidad. El cambio es necesario y el escenario corre peligro de desaparecer tal y como lo conocíamos.

C. *Rechazo de la llamada.* Escépticos al cambio, ya que supone un esfuerzo, rechazan la premisa inicial. Pese a los indicadores, se declina pasar a la acción.

D. *Encuentro con el mentor.* Alguien será el responsable de guiar al protagonista por la senda del conocimiento y el desarrollo. Se ofrece como mano tendida y apoyo a la aventura.

E. *Cruce del umbral.* Decisión fundamental que toma cuerpo en una llamada a la acción, al camino sin retorno. Un suceso que lo cambia todo para siempre.

F. *Pruebas, aliados y enemigos.* Se enumeran una serie de conflictos y comienzan las verdaderas resistencias al cambio. Habrá victorias y derrotas mínimas.

G. *Acercamiento a la cueva interior.* Se introduce la idea de que se debe entregar hasta el final y comprometerse en ganar nuevas habilidades o sacar su mejor versión.

H. *Odisea.* Se avanza hacia la idea, normalmente tomando algún atajo y se produce una estrepitosa derrota.

I. *La recompensa.* Ante el desánimo generalizado hay una llamada a la esperanza, una prueba de que realmente es posible la victoria.

J. Camino a casa. Se decide continuar y seguir adelante, pese a que la situación sea crítica y los ánimos sean casi nulos.

K. Resurrección. Se produce la gran batalla final en la que gracias a las nuevas habilidades del protagonista, sale victorioso.

L. *Regreso con el elixir*. El cambio se ha llevado a cabo y el mundo es un lugar mejor en el que reinará la tranquilidad y se genera de nuevo una fase de mundo ordinario a la espera de una nueva llamada a la aventura.

Sí, soy consciente de que según los estabas leyendo, diferentes escenas o pasajes de libros, películas y series inundaban tu cabeza. Es normal, la cultura pop ha bebido hasta emborracharse de esta estructura. Pero como decía, usémosla en positivo como un eficaz potenciador discursivo.

El juego con los tiempos verbales, la posición exacta en el guion y el uso correcto de los mensajes generan que el receptor asuma el viaje del héroe como propio y desee proyectarse en la fase final del discurso monomito. Sin embargo, no te voy a engañar diciéndote que esta estructura nos permite rapidez y agilidad, ya que éstas sólo llegan cuando se ha practicado muchas veces y se tienen los conceptos básicos interiorizados. Te recomiendo que lo pongas en práctica con aquellas situaciones que ya hayan pasado, y que intentes crear discursos sobre cómo hubieses superado esas situaciones. Incluso con elementos de tu entorno, como una derrota de tu equipo de fútbol, no encontrar entradas para el concierto de tu grupo favorito o tener que asistir a una boda por compromiso. Crea discursos monomito y hazte con él. Te aseguro que una vez que lo consigas no habrá estrella de la muerte que se te resista. Ni Lord Voldemort. Ni Sauron. Ni esa persona en tu departamento que es peor que todos ellos juntos y necesitas motivar.

66. DISCURSO DALÍ

Otra estructura de mi cosecha, y que utilizo mucho a la hora de motivar a los equipos de trabajo en las organizaciones que nos contratan, es el discurso Dalí. Sí, como el artista catalán considerado como uno de los máximos exponentes del surrealismo. Pero no por esto último, ya que lo que buscamos no es lo onírico o simbólico, sino porque fue a partir de una frase suya que decidí construir este discurso en tres etapas. Válido sobre todo en situaciones en las que queremos proyectar en positivo y anclar esa dinámica junto al compromiso y la perdurabilidad en el tiempo. Este formato de discurso también es el más recomendado para mandarnos mensajes a nosotros mismos y formalizar el contrato con nuestra motivación.

Según sus propias palabras: «La vida es aspirar, respirar y expirar». He aquí, en estas sencillas palabras de enorme calado y trascendencia, la base de esta técnica y el nombre de las tres etapas. Te lo desarrollo a continuación para que lo puedas poner en práctica:

A. *Aspirar.* En esta fase hablamos de deseos, de experiencias, de aquello que buscas. De lo que anhelas, de lo que amas o de lo que ansías. Es el instante del objetivo, pero matizado con las emociones, ilusiones y elementos intangibles con los que el autor de la persistencia de la memoria, y esos famosos relojes, se sentiría orgulloso de ti. La frase clave sería decirse o decir a otros: «¡No te conformes!».

Por ejemplo, si quisiésemos crear un discurso para animar a alguien a que dé el paso y comience a cuidarse físicamente, podríamos empezar con algo así:

«Te veo corriendo la Maratón de Nueva York del año que viene. Sí, ya sé que ahora mismo que estás bajo de forma física, te acaban de diagnosticar el colesterol alto y tienes sobrepeso, te parece una quimera. Pero no te pongas límites e imagínate habiendo superado ese reto que sólo está al alcance de unos pocos en todo el mundo. Puedo imaginar tu sonrisa de oreja a oreja y tu plena satisfacción cuando portes tu medalla de *finisher* en Central Park».

B. Respirar. Una vez que hemos trabajado la visualización, descendemos a la parte de la realidad; es decir, a aquello que hay que hacer y cómo deberíamos hacerlo para poder llegar al fin. Se trata de generar un compromiso tangible y que se pueda medir para realizar un correcto seguimiento. La frase emblema de esta fase sería «¡Transfórmate!».

Para nuestro ejemplo, nos serviría algo así:

«Sin embargo, es tan imposible llegar a ese punto desde tu estado actual como creer que pegándote la paliza mañana, no querrás dejarlo todo pasado mañana. Por eso lo mejor es que te comprometas contigo mismo a salir a correr tres días a la semana para empezar y que empieces a cuidar tus comidas. Durante el primer mes, si acaso. Además, puedes empezar a fortalecer tu cuerpo con alguna de las aplicaciones que hay en el móvil para hacer ejercicios desde casa. Estarás conmigo en que es sencillo contar con personas que conoces y que te pueden ayudar en ambas cosas. Y tú poco a poco empezarás a recuperar buenas sensaciones con tu cuerpo, estarás en paz, te sentirás mejor, descansarás mejor y estarás pronto de nuevo a pleno rendimiento».

C. Expirar. Hablemos, para cerrar el discurso, sobre algo evocador. El legado que queremos que permanezca de nosotros. La huella que queremos dejar. En esta tercera fase lo esencial es la proyección del éxito y la enseñanza a terceros, terminando con una llamada a la acción que aunque pequeña, sea el primer eslabón de una gran cadena que lleve al éxito. La frase clave sería decirnos o decir a otros: «¿Por qué serás memorable?».

Cerrando el ejemplo con algo parecido a esto:

«Esa imagen tuya tras estos meses de entrenamiento, habiendo superado tus límites y poniéndote la medalla tras cruzar la meta, es algo que yo no me perdería por nada del mundo. Tesón, valentía, coraje y capacidad de superación. Ése sí sería un buen mensaje para quienes no han creído en ti, para tus compañeros, amigos o familia. Pero, sobre todo, ese mensaje de amor por una mejor calidad de vida y de cuidado por tu cuerpo sería lo más bonito que te podrías decir. Y yo quiero vivirlo cerca. ¿Salimos a andar juntos hoy para empezar?».

El discurso Dalí es ilusionante, sorprendente como la mejor película de Hollywood, impactante como el viaje del héroe y única como la mejor de las pirámides. Ahora bien, no te acostumbres a utilizar sólo este sistema y varía utilizando los cinco tipos de discurso como potenciadores discursivos de estructura. Si esto lo practicas e interiorizas, lo que viene a continuación te será altamente productivo.

67. *RAPPORT* SUPREMO

«¡Es como yo!» «¡Nos entendemos a la perfección!» O incluso: «¡Conectamos a la primera!». Son sensaciones que provocan el éxito de cualquier persona que intente motivar. Extraída de los procesos básicos del comportamiento no verbal y de la programación neurolingüística (PNL), utilizaremos la conexión corporal con esta poderosa herramienta que yo denomino el *rapport* supremo. Es decir, si *rapport* se refiere a la sintonía que podemos generar con otra persona, y esto se fundamenta en lo verbal y en lo corporal, lo elevaremos a supremo transformando este elemento y añadiéndole el elemento discursivo.

Pero comencemos por lo corporal. Y es que hacer que una persona nos acepte y nos vea como alguien similar a ella nos servirá para que la otra persona baje sus reticencias iniciales, acepte nuestros mensajes con mayor facilidad y tenga menos recelos a la hora de abrirse emocional o informativamente. Es una extraordinaria herramienta de comunicación para que la motivación basada en la confianza de quien habla con nosotros se desarrolle desde el subconsciente, y es tan sencilla que debería estar prohibida.

El *rapport* corporal consiste en tomar como propios los gestos o movimientos que la otra persona realiza. Así de sencillo. Es decir, si tiene las piernas cruzadas, las cruzaremos. Si bebe, beberemos. Si coge un bolígrafo o extiende la palma sobre la mesa, agarraremos un bolígrafo o extenderemos nuestra palma sobre la mesa. ¿Qué conseguimos? Conectar, no generar comunicación gestual irritante, hostil o extraña y generar conexión corporal. Esta conexión corporal es como un baile en el que cada pieza encaja, en la que cada minuto suma, en la que los cuerpos se entrelazan a la suficiente distancia como para no generar una situación tensa o desagradable. Dicha conexión corporal emitirá a nuestro cerebro la creencia de estar realmente en sintonía con la otra persona y suavizará las posibles aristas que haya generado la conversación, provocando incluso comentarios del tipo: «La conversación fue muy normalita, pero tiene un no sé qué, parecía que le conocía de toda la vida».

Realiza los gestos con sutileza, segundos después incluso de que la otra persona los haya ejecutado. Ten cuidado para que no se sienta imitada, y alterna su movimiento como si de un baile se tratase. Ver a dos personas en sincronía corporal es un deleite, te lo aseguro, pero debes tener cuidado para no caer en el descaro.

El *rapport* verbal es la parte con la que las personas motivadoras facilitan que pensemos que son como nosotros, que nos entienden por encima del resto, que han vivido situaciones similares y, sobre todo, que les importamos. Algo que no tiene que ser necesariamente mentira.

Así que para reforzar el *rapport*, añadiremos palabras de conexión. Pero no las nuestras, lo haremos sencillamente con las palabras de la otra persona o del grupo con el que hablemos. Si en el *rapport* corporal copiábamos al cuerpo, en el *rapport* verbal copiaremos sutilmente el vocabulario que se está utilizando en la conversación.

Es decir, buscaremos los campos semánticos en los que se mueve quien nos habla y aprenderemos a sacarle jugo para que de esa forma se sientan en sintonía con nosotros. Por ejemplo, si el término aceptado por todo el grupo para denominar a un autobús es «guagua», será dicha palabra la que utilizaremos nosotros. Si es «colectivo», ésa será la escogida. Así que tendremos que estar atentos cuando el grupo o la persona con quien hablamos mencionen chiva, camión, micro, bondi, pesero, ruta, búho, autocar, vagón... Porque será ése el concepto que deberemos apropiarnos para conseguir nuestro *rapport* verbal.

Pero ¿cómo llegamos entonces al *rapport* supremo? Añadiendo la tercera de las aristas a esta técnica: el *rapport* discursivo.

Reconozco que el *rapport* discursivo es de mis píldoras preferidas. Me ha salvado de muchas situaciones complicadas o apuradas, y sirve tanto para no quedar fuera de lugar en una conversación como para potenciar la creencia de un grupo de personas de que eres parte de ellas. En cualquier caso, el *rapport* discursivo bien utilizado potencia tu cercanía, tu halo de conocimiento y, por lo tanto, tu capacidad de motivación.

Cuando te encuentres en una conversación extraña para ti, no la esquives y presta atención a cada detalle que se diga en ella. No des tu opinión y quédate con los matices, los vocablos y las aseveraciones aceptadas. Para descubrirlas, verás que el resto de los contertulios afirman con la cabeza ante una afirmación concreta. No des tu opinión, y si te preguntan, mueve la cabeza con duda y contesta con fugaces «la verdad es que es complicado» o «bueno, no es tan sencillo», y termina con una pregunta rebote para que te sigan aportando más datos; es decir, con un «¿no crees?», o un «¿tú qué opinas?».

Llegado el momento, podrás dar una opinión completamente formada y técnica aunque desconozcas el asunto si utilizas una reformulación de la aseveración aceptada y le unes los vocablos o matices observados anteriormente. Es importante que termines lanzando de nuevo una pregunta a la otra persona. Es verdaderamente sencillo, pero no abuses nunca del *rapport* discursivo. Utilízalo sólo en caso de emergencia. No te crezcas y entres en profundidad o podrán pedirte que desarrolles tu respuesta.

Por ejemplo si una conversación es así:

—¿Qué te parece el nuevo Aegx9902? —te pregunta la persona A.

—Bueno, la verdad es que aún no lo conozco en profundidad. ¿Tú sí? ¿Y qué tal? —respondes.

—Sí, sí, es fabuloso, mejora muchísimo la eclosión de iones y la durabilidad de los halos mecanicocuánticos ostrodimensionales. Su uso es sencillo y es mucho mejor que el modelo anterior en dimensiones y sensores del cambio.

Posible *rapport* discursivo 1: «Sin duda, el Aegx9902 tiene muy buena pinta, pero, bueno, lo cierto es que ya era hora de que evolucionasen las dimensiones y los sensores del cambio. Yo siempre dije que eso era bastante mejorable... ¿Qué más destacarías del Aegx9902?».

Posible *rapport* discursivo 2: «Lo de la durabilidad de los halos mecanicocuánticos ostrodimensionales es algo fundamental para el nuevo Aegx9902. Yo creo que sin eso y sin las mejoras en sus dimensiones y los sensores del cambio no habría tenido una acogida tan positiva, ¿no crees?».

Por lo tanto, para llegar al *rapport* supremo y poder generar un potenciador discursivo basado en la conexión con otra persona, debemos atender siempre a estos tres elementos y utilizarlos con inteligencia estratégica: corporal, verbal y discursivo. Ya que una vez que notemos que hemos conseguido esa sintonía, podremos proceder a lanzar nuestras proclamas motivadoras o la llamada a la acción.

68. LAS MIGAS EMOCIONALES

Las migas emocionales son elementos que podremos utilizar en nuestras conversaciones motivadoras. Son conceptos, elementos o frases que nuestro interlocutor pronuncia, y si las utilizamos estratégicamente se provocará la empatía necesaria y sentirán que hay verdadero *feeling* o conexión. Es la técnica perfecta para reforzar el *rapport* supremo, ya que aquí no copiamos las palabras, sino que buscamos el campo semántico de éstas para generar conversaciones personalizadas.

El uso de las migas emocionales es una fórmula que se utiliza para adaptar nuestro discurso o argumentario con un fin sencillo: que todo el mundo sea capaz de tomar dichas palabras como si estuvieran fabricadas para ellos en exclusiva. Esta herramienta necesita de una avanzada rapidez mental o de mucho ensayo, ya que nos obliga a trabajar de manera veloz y eficaz con pequeñas informaciones que la conversación nos revele.

La idea es sencilla: localizamos una miga emocional y, a partir de ahí, adaptamos nuestro discurso a ese vocabulario o tema para seguir el camino que la mente del interlocutor, consciente o inconscientemente, ha fabricado.

Así pues, si queremos vender que somos buenos profesionales para dirigir a un equipo de compañeros a alguien de quien conocemos que le encantan los perros, diremos:

«En ocasiones los equipos de trabajo son como cachorros, cada uno de ellos individualmente llegará a ser un gran perro, y sabes que alguno de vez en cuando te morderá las patas del sofá o ladrará más de la cuenta, pero si haces una buena labor sabes que te protegerán, serán fieles y mostrarán lealtad a la organización».

¿Y si le gustan los aviones? Prueba con esto:

«Cada pieza de un avión es imprescindible para que un avión vuele. No se puede volar sin un ala, eso sí, hay que ser lo suficientemente profesionales para saber si el ala que tenemos es la mejor y más aerodinámica».

¿DE QUÉ VAS A HABLAR?

Elige el tema para acercarte a la persona adecuada,
unir posturas o agradar a todos.

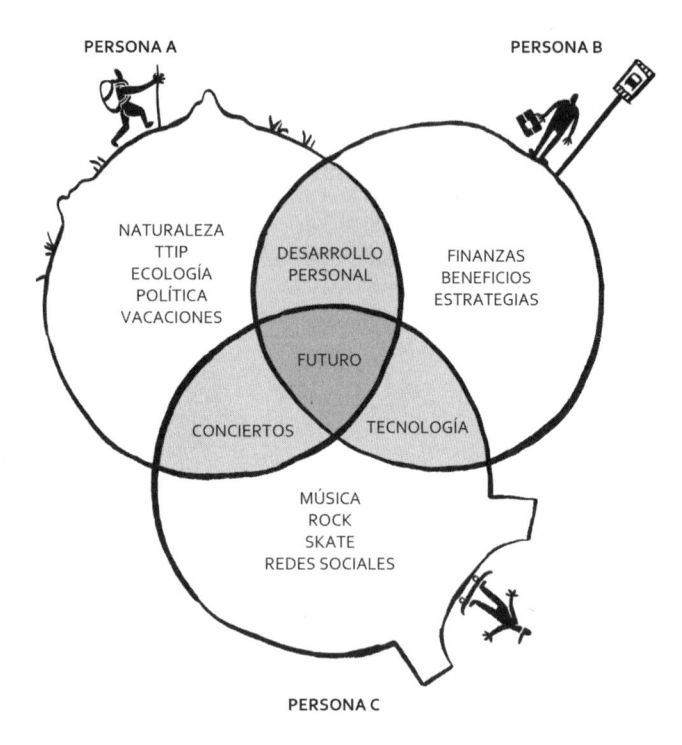

PERSONA A
- NATURALEZA
- TTIP
- ECOLOGÍA
- POLÍTICA
- VACACIONES

PERSONA B
- FINANZAS
- BENEFICIOS
- ESTRATEGIAS

PERSONA C
- MÚSICA
- ROCK
- SKATE
- REDES SOCIALES

Intersecciones:
- A ∩ B: DESARROLLO PERSONAL
- A ∩ C: CONCIERTOS
- B ∩ C: TECNOLOGÍA
- A ∩ B ∩ C: FUTURO

¿Y si la miga de pan que escoges es la de alguien a quien le apasiona la oratoria? Hazlo así:

«Una palabra por sí misma no es sino un conjunto de letras. Si bien nos puede evocar emociones y recuerdos, no es sino al lado de otras cuando todo cobra sentido y poder. Incluso dos personas que tienen grandes diferencias, cuando trabajan por aquello que les une pueden inspirar algo maravilloso. Como un oxímoron, en el que a la palabra "instante" se le une el adjetivo "eterno" para generar un significado delicioso. Centrémonos en lo que nos une y hagamos equipo desde ahí. Hagamos que este equipo y sus instantes eternos resuenen positivamente en toda la compañía».

Si aprendes a seguir bien las migas de pan, aprenderás a sacar a la gente de sus bloqueos, se emparejarán con sus emociones y será más fácil comenzar un proceso racionalmente emocional que lleve a la acción y la motivación necesaria para que las cosas sucedan.

Para terminar, cuando te dirijas a más de una persona, no olvides buscar una miga emocional conjunta preguntándote antes de hacerlo: «¿Qué les une a todos ellos? ¿Qué les gusta a todos? ¿En qué están todos de acuerdo? ¿Para qué están allí?».

69. DE CHANTAJES Y EMOCIONES

Chantajista y víctima son las dos partes necesarias para que se produzca el chantaje emocional. Dicho mecanismo se activa cuando una de las partes desea obtener de la otra algo y, en vez de pedirlo o sugerirlo, decide utilizar prácticas manipuladoras para conseguirlo basándose en la generación de sentimiento de culpa y en la explotación de los puntos débiles del otro. El chantajista es una persona débil, que no confía lo suficiente en sí misma, por eso necesita engañar y utilizar las más rebuscadas argucias para conseguir lo que desea.

Aunque, claro, si has llegado hasta aquí entenderás que haga referencia a uno de los potenciadores discursivos más poderosos en la motivación: el chantaje emocional.

Existe un subgrupo de elementos dentro de esta categoría que podremos explotar con cautela y cuidado: el chantaje emocional positivo. Esto es, enfrentar a la persona a sus propios miedos para fortalecer sus actos y que realmente se atreva a dar el paso, convirtiendo decisión en acción. Podemos utilizar diferentes métodos:

La deuda personal
Enfrenta a la persona a lo que realmente merece la pena en la vida o a sus creencias particulares. Usa frases del tipo: «No mereces conformarte con menos», «Te lo debes» o «Te mereces conseguirlo». Si bien es cierto que es un chantaje emocional, lo es sobre la escala de valores personal y las aspiraciones que cada persona tiene, por lo que se convierte en un revulsivo positivo.

Recuerda tu futuro
Otro de los métodos habituales, siguiendo el mismo argumento de chantaje emocional positivo, es enfrentar a la persona a sus deseos de infancia. Generalmente hemos soñado con ser mejores de lo que al final nos hemos convertido, así que enfrenta a la persona a esa realidad con un «¿Quieres defraudar a ese niño que creía que lo consegui-

ría todo?». Cuando apelen a su ingenuidad, remata con un «Entonces, ¿te rindes?, ¿vas a fallarte ahora?».

Es por ti

La tercera de las construcciones de chantaje emocional positivo se basa en unir esto a mi teoría del beneficio. Haz ver a la otra persona que sólo existe una persona beneficiada: ella misma. Utiliza frases tipo: «Si no haces esto por ti, nadie lo hará», o «Quien sale ganando eres tú». Eso sí, sólo pon en práctica esta herramienta si realmente es así o estarás cayendo en un chantaje negativo.

El enfrentamiento

Tan cierto es que todo el mundo tiene alguien a quien quiere parecerse como que toda mente alberga alguna referencia de una persona a la que no considera especialmente buena o merecedora de éxitos. Esta técnica, que roza el lado oscuro, debe ser sutil en su construcción y es más ética al ser tratada para grupos que para individualidades. Frases del tipo: «Seguro que los de la empresa X están haciendo aquello que nosotros no», «Hay una persona que no se rendiría en estos momentos, pese a que luego te moleste su éxito», o «¿Crees que X pierde tanto el tiempo a la hora de ponerse a la acción?», te ayudarán a conseguirlo.

La palabra dada

Por último y para terminar con este listado de ejemplos, déjame que te explique cómo usar la confrontación como ariete. No serán pocas ocasiones en las que alguien se rendirá en su proceso, dejará de rendir o su compromiso pase por una fase crítica. Estos elementos son el día a día en la gestión de personas, e incluso con nosotros mismos y los mensajes tóxicos que nos mandamos. Pues bien, si confrontamos con la palabra dada anteriormente, conseguiremos un estímulo emocional capaz de influir en su definición de rendirse. Algo similar a: «¿Tú no fuiste quien me dijo que iba a hacer X?», o «No veo en ti a quien se sentó y mirándome a los ojos me convenció para que confiara en ella». Y aprovecho para recordarte: ten mucho cuidado en el uso de esta herramienta. Por favor.

70. LIMITAR LO ILIMITADO

La motivación está regida por fechas, plazos, tiempos... ¿Cómo debo construir un potenciador discursivo para que mi equipo cumpla sus plazos, se establezcan fechas y que mi motivación y liderazgo queden intactos e incluso potenciados? Fácil, con esta técnica de limitar lo ilimitado.

La idea es la siguiente, sabes que alguien aún no ha hecho algo y se está retrasando constantemente sin poner fecha límite para cumplir su compromiso. Sabes que necesitas tener una fecha cerrada para poder exigirle posteriormente que la cumpla. Y sabes que no puedes actuar como una persona autoritaria puesto que lo que te interesa es motivar a esa persona para que realice la tarea. Pues bien, construye una frase en la que se encuadre temporalmente el encargo pendiente, poniendo como fecha inicial el pasado y como fecha tope la que tú desees. De esa forma obligas a que la persona tenga que comprometerse con un plazo. Es decir, diremos sutilmente:

—¿Has ido a ver a la abuela o vas a hacerlo hoy?
—¿Me has entregado el trabajo ya o lo haces este lunes?
—¿Me llamaste por lo que te pedí o lo haces luego?

Con su contestación, que casi siempre suele optar por la fecha tope, estaremos consiguiendo que se comprometa. Con lo que remarcaremos su respuesta con un «Perfecto, entonces lo espero (añadiendo la fecha a la que se haya comprometido)».

Podemos encontrarnos que nos respondan con un sencillo «No», a lo que le responderemos con un: «Si para mañana no, entonces ¿cuándo lo puedes tener?, ¿para pasado mañana?». No importa lo que conteste, le volvemos a enfocar con la misma herramienta. Así hasta que se comprometa.

Recuerda que la motivación tiene más que ver con encontrar un motivo que con dar aliento o energía. Pues bien, gracias a esta técnica lo que estamos generando es un motivo basado en el compromiso. En la autoexigencia. En eliminar la incertidumbre. Y, sobre todo, en la responsabilidad.

Si alguien llega tarde, no ha sido culpa de la lluvia, sino suya. Si no has entregado un trabajo no es porque el ordenador no funcione. O si no te has acordado de un cumpleaños, no es porque tengas muchas cosas en la cabeza o hayas tenido una semana complicada. Debes marcar en tu vida la vara de la responsabilidad propia y de otros; esto es, tomar conciencia de quién es el responsable de todo lo que hacemos y sus consecuencias. Sin peros y sin salvedades que luego se convierten en generalizaciones marco. No hablo de culpabilidad, que eso siempre puede recaer en terceras personas, sino de la responsabilidad personal que cada persona tiene ante su motivación y desempeño.

Para ello, y para rematar el uso de la técnica de limitar lo ilimitado, comienza a ejercer un perfil motivador y responsable con un protocolo de tres preguntas:

—*¿A qué te comprometes?* Válida cuando has mencionado una tarea pendiente que la otra persona tiene que realizar. Siempre se debe utilizar a modo de resumen y como contrato verbal entre las partes.

—*¿Quién tenía esa responsabilidad?* Cuando la persona ha fallado en su compromiso inicial e intenta buscar excusas externas. Siempre se debe utilizar con asertividad, para no provocar una reacción adversa.

—*¿Qué sería justo que sucediese ahora?* Cuando se ha reconocido la responsabilidad, se busca establecer unas consecuencias. Siempre se usa provocando la empatía y pactando las consecuencias o generando un nuevo compromiso. Haz que esa consecuencia cuente con el consentimiento de la otra parte.

Elimina la incertidumbre alentando hacia el compromiso de fechas y de responsabilidad. La motivación requiere compromiso y sólo un equipo comprometido convertirá el trabajo en excelente.

BONUS. MENOS POR *QUÉS* Y MÁS PARA *QUÉS*

Motivar, salvo en la psicología inversa, sólo se consigue desde un plano positivo, y nuestro carisma no es un juego como para no saber si al preguntar algo a alguien facilitamos que se motive o que se enrede aún más y se desmotive. Una de las funciones principales para motivar es conseguir que la otra persona tome conciencia de su responsabilidad, ya que ello le permitirá avanzar.

Apréndete una regla básica:
El PARA se usa para indicar una consecuencia o motivación de algo y el POR para indicar la razón, la justificación de algo.

¿Por qué es importante esta regla?
Si comenzamos o centramos una conversación en el POR, la persona o grupo no dejará de justificarse, con lo que su mirada siempre recorrerá un camino: desde el presente hacia atrás.

Si lo hacemos con el PARA, la persona o grupo no tendrá que justificar su acción, sino que hablará siempre desde el objetivo que quiso alcanzar y, por lo tanto, su recorrido mental será desde el presente hacia el futuro. Pero no un futuro cualquiera, sino el futuro que han escogido.

Esto significa que la mayor parte de nuestras conversaciones laborales las basamos en la justificación ante el juicio de nuestros interlocutores. Haz la cuenta hoy y te sorprenderá el número de veces que te preguntan POR qué has hecho algo y cómo, sin darte cuenta, comienza tu justificación o incluso culpando a terceros del resultado de dicha acción.

¿Para qué es importante esta regla?
Si basamos nuestras conversaciones en el PARA, conseguiremos una mirada más positiva, eficaz y futura. Haremos que la persona se

sienta con más capacidad de automotivación y aumentará el beneficio en sus acciones. A su vez, desde el PARA, también puede hacer un análisis y evaluación de sus acciones presentes, pero siempre lo hará en positivo; es decir, para tener más asequible su consecuencia buscada.

Es decir, conseguimos generar una mirada pragmática a la conversación en la que no cuestionamos la toma de decisión, sino la decisión en sí misma. Lo primero conlleva crear equipos poco realizados, con baja autoestima y escasa seguridad. Es la consecuencia del PARA, cuando cuestionamos si para llegar al objetivo que había en mente tomamos la decisión correcta, cuando acostumbramos a nuestros equipos a revisar mejor el escenario, adquirir más información y tener una visión estratégica.

La base de la motivación es conseguir que las decisiones se lleven a la acción; ergo, no dinamites nunca con tus preguntas la esencia misma de la llamada al movimiento. No cogiste este libro POR que te sobraba tiempo, te gustó la portada o por tu torpeza a la hora de hablar con tu equipo. Lo lees PARA aprender técnicas nuevas que te ayuden a motivarte o motivar a tu equipo de trabajo. Lo primero es cuestionable, lo segundo un motivador al que aferrarse.

Centramos en el PARA qué nos ayuda a proyectar, a entender la motivación que llamó a la decisión y a la acción, pero, sobre todo, nos encuadra en un diálogo que suma a esa dinámica. Algo fundamental a la hora de hablar de motivación, puesto que el juicio y la protección ante la posible crítica son venenos que nos intoxican de desencanto y procrastinación... Y todo comienza con un «por qué».

PARTE 7

APÉNDICE

NO ES POR DINERO, ESTÚPIDO

A unos meses de las elecciones presidenciales en Estados Unidos de 1992, George Bush padre era proclamado por la prensa y el electorado como imbatible. Esta creencia se arraigaba básicamente en sus éxitos en política exterior, como el fin de la guerra fría y la guerra del Golfo Pérsico. Así pues, su popularidad rozaba el 91 por ciento de aceptación, algo que nunca antes se había conseguido. En ese contexto, James Carville, principal estratega de la campaña electoral de Bill Clinton, adivinó al generar un pretexto diferente que debía enfocarse sobre temas más relacionados con la vida cotidiana de los ciudadanos y sus necesidades más inmediatas. Con el fin de no perder el foco en la campaña, resumió su argumentario en un mensaje, y lo pegó en un cartel en las oficinas centrales con tres puntos escritos:

1. Cambio frente a más de lo mismo.
2. La economía, estúpido.
3. No olvidar el sistema de salud.

Pese a que el cartel era tan sólo un recordatorio interno, el segundo punto se transformó en una especie de eslogan no oficial de la campaña de Clinton que resultó crucial para modificar el contexto y derrotar a Bush, algo impensable poco antes. La frase «es la economía, estúpido» se convirtió en hipertexto. De ahí salieron carteles, libros, incluso se utilizó en las campañas posteriores no sólo en Estados Unidos, sino en el resto del mundo. Tres palabras que lo cambiaron todo. Motivación en estado puro.

Pues bien, déjame decirte cinco palabras que espero que tengan en tu vida tanta trascendencia como las anteriores para todas las democracias mundiales: **«No es por dinero, estúpido»**.

Tú no pierdes la motivación por dinero, sino por considerar que estás infravalorado. El dinero es un elemento de intercambio entre dos personas, pero nunca es la moneda de pago exclusiva. De ser así,

¿qué haces que no estás buscando trabajo como prioridad absoluta? ¿Qué te hace no aceptar un contrato por sólo un euro más? ¿Por qué asumiste mayores retos dentro de tu compañía sin pensar necesariamente en una compensación económica? Y lo más importante de todo, si fuese por dinero, ¿por qué te prestas voluntario para ayudar a otros habitualmente? Sí, incluso en tu empresa.

No, el dinero es sólo un elemento más. Y claro que si no obtenemos el mínimo que necesitamos, no podemos motivarnos con ese puesto o tarea. Pero no te equivoques, si eso fuese así, se deja el trabajo. Punto. Si continúas en el puesto es porque existen otros elementos para valorar, o que te generan un beneficio. La queja, la pataleta, la frustración o la rabia que sientes la achacas al salario, pero deja de actuar como un estúpido y abre los ojos. Nunca es sólo por el dinero.

La próxima vez que alguien te diga que para motivarle tienen que pagarle más, o incluso la próxima vez que te digas a ti mismo esa creencia absurda, piensa en qué te está haciendo sentir poco valorado. Recurrir al dinero es lo más sencillo, pero piensa realmente, ¿por qué hay acciones que harías por debajo del precio habitual y con ciertas personas aun pagándote bien no obtendrían un sí por tu parte? Créeme, no es por el dinero, sino por el valor que te aportan.

Seguro que a estas alturas ya habrás escuchado mucho sobre el famoso salario emocional, y yo, sin ser un experto, te puedo aportar una serie de elementos para que reflexiones. Piensa realmente en cada una de estas preguntas:

Sin contar con la parte económica, ¿qué debería pasar en tu trabajo para que te comprometieras más y recuperases la ilusión? Si puedes responder a esto, no es por dinero. Concéntrate en esos elementos que querrías cambiar y trata de mejorar las condiciones laborales. A veces es una silla, o un día libre, o sencillamente que se vuelva a dar las gracias, a pedir disculpas y a decir el porqué eres bueno en tu trabajo. Esto es filosofía Warrior.

¿Qué te gustaría aprender o qué te gustaría que tu trabajo te enseñase? Pues, mira, tampoco es por el dinero si respondes a esto. Trabajar en un ambiente del que aprendes y te enriquece intelectual y emocionalmente es uno de los mayores anclajes que existe con los proyectos. ¿Hace cuánto dejaste de aprender? ¿Tienes la seguridad de que no puedes aprender más? ¿Tampoco la forma de hacer tu trabajo aún mejor? No te cuentes historias y recupera la ilusión por tu propio desarrollo. Esto es filosofía Warrior.

¿Sabes cuáles son tus objetivos? Si tu respuesta es que sí y te sientes con poca motivación, quizá pasen dos circunstancias, o están mal definidos, o no sabes cómo llegar a ellos y te has agobiado. Si tu respuesta es que no sabes cuáles son, entonces no, no es por el dinero. Si no sabes dónde tienes que dirigir tus pasos, y transformas tu día en la monotonía de estar, y no de ser mejor, es normal que hayas perdido la motivación. Márcate un plan de acción, un objetivo, un lugar al que dirigirte y trabaja en ello cada día. Esto es filosofía Warrior.

Pero, claro, tú seguirás pensando que es por el dinero. Porque te gusta llevar razón. Da igual que yo te diga que el buscar la participación con otros compañeros y ayudarles, asumir funciones nuevas o formarte para tener mejor preparación de cara al puesto que te gustaría tener pueden hacerte recuperar el brillo en los ojos. Porque, simplemente, te lo has dicho tantas veces que ya te lo has creído.

¿Y si pidieses que evaluasen tu trabajo y te hicieran seguimiento? Sé que no es fácil, incluso que en ocasiones crees que no hay nadie capacitado para hacerlo. Claro, a ti una divinidad te otorgó el rol de la perfección y por eso estás anclado a un puesto de trabajo. Debido a un boicot del universo o a una mano negra, ¿no? En serio, deja de ser tan estúpido y recapacita. Alguien superior a ti, alguien inferior, o incluso un cliente. Pregúntale qué opina de tu servicio. Pero no te quedes en la primera pregunta de «¿Qué tal?», porque la respuesta será de compromiso y no te aportará nada. Díselo una segunda vez y conseguirás empezar a vislumbrar alguna de esas carencias que puedes mejorar. Pero al preguntárselo una tercera vez, y si le añades un «En serio, me interesa mucho que me digas qué opinas de lo que hago», entonces sabrás la verdad.

Y, sobre todo, no vuelvas a decir que tú no necesitas palmadas en la espalda, que es sólo una cuestión de dinero. Porque no, no lo es. ¡Por supuesto que tú quieres una palmada en la espalda! ¡Se trata de sentir valorado tu trabajo! Si no sientes que te valoran y hace mucho que no te dicen algo que hayas hecho bien, es normal que baje tu motivación. Dice la teoría del bolígrafo verde que estamos tan acostumbrados a que nos señalen los errores, habitualmente en rojo, que se convierte en revolucionario si somos capaces de ver aquello que hemos hecho bien y lo podemos replicar cada día, esforzándonos por ser nuestra mejor versión. Pero, claro, eso supone un esfuerzo y es mucho más sencillo quejarse del dinero.

Así que si estás leyendo esto y te sientes desmotivado, créeme, aún hay mucho que puedes hacer por ti mismo para recuperar esa ilusión. Confía en ti y ofrece algo que merezca la pena ser recordado. Pero presta atención, sí, tú, esa persona que tiene un equipo a su cargo o a una persona que se siente sin compromiso y energía. Porque todo lo anterior está en tu mano transformarlo, y si has llegado a esa situación es porque no has hecho lo suficiente. De poco te va a servir aprender estas técnicas si no eres capaz de conseguir que tu equipo se sienta valorado. Ponte las pilas, reflexiona, pregúntales y ama a tus compañeros, porque si no, tu absurda actitud hará que pase lo inevitable: que al final sea sólo una cuestión de dinero.

Yo creo en tu capacidad de asumir la filosofía Warrior.
Yo creo en tus ganas de transformarte en Warrior.
Yo creo en ti.

LA PREGUNTA MOTIVADORA

No cabe duda de que la pregunta es la fórmula más indicada para provocar la motivación, y de ella he hablado en algunos potenciadores discursivos y motivadores. Pero ¿cómo saber cuál es la pregunta correcta? Adapto y extiendo aquí el listado original que César Piqueras publicaba, y espero que sea un gran compendio en el que encuentres la pregunta adecuada; es decir, aquella que provoque la acción.

Preguntas que invitan a motivar a través de los objetivos
- *¿Qué te gustaría conseguir?*
- *¿Cuáles son tus objetivos?*
- *¿Qué metas te has planteado?*
- *¿Qué quieres?*

Preguntas que motivan visualizando el futuro
- *¿Cómo te ves en diez años?*
- *¿Cómo te gustaría ser?*
- *Si pudieras proyectarte hacia el futuro, ¿cómo te gustaría verte?*
- *¿Cómo imaginas el futuro de este proyecto?*
- *Imagina el futuro ideal de esta relación, ¿cómo te gustaría que fuera?*
- *¿En qué puesto querrías estar en cinco años? ¿Cómo te sentirías?*

Preguntas que motivan creando posibilidades
- *¿Qué pasaría si pudieras?*
- *¿Qué pasaría si no hubiera límites?*
- *¿Cómo sería el futuro si tu empresa innovara tanto como tú quieres?*
- *¿Cómo sería todo si este conflicto no estuviera presente?*
- *¿Con qué recursos te gustaría contar?*
- *¿Qué alternativa tienes en tu mano para superar ese obstáculo?*

Preguntas que motivan identificando las limitaciones
- *¿Qué te lo impide?*
- *¿Qué se está interponiendo en tu camino?*
- *¿Qué limitaciones te encuentras?*
- *¿Qué te hizo dejar de intentarlo?*

Preguntas que motivan a través de sentimientos y emociones
- *¿Cómo te sientes?*
- *¿Cómo te hace sentir este conflicto?*
- *¿Qué sientes cuando piensas en ello?*
- *¿Qué emociones hay dentro de ti cuando hablas de esto?*

Preguntas que motivan desde la responsabilidad
- *¿Qué resultados quieres conseguir hoy?*
- *¿Qué vas a hacer distinto hoy?*
- *¿En qué medida estás comprometido con esto?*
- *¿Cómo te gustaría terminar esta reunión?*
- *¿A qué te comprometes?*

Preguntas que hablan de la situación actual
- *¿Dónde te encuentras?*
- *¿Del 1 al 10 cuál es tu nivel de satisfacción?*
- *¿Cuáles son las características de la situación actual?*
- *¿Cómo te sientes en este momento?*
- *¿Qué te motiva/desmotiva actualmente?*

Preguntas que motivan desde la acción
- *¿Cuál es el próximo paso?*
- *¿Qué acciones te ayudarían a conseguir tu objetivo?*
- *¿Qué pequeño paso sería importante dar?*
- *¿Qué vas a hacer de aquí al próximo día?*
- *¿Qué vas a dejar de hacer hoy?*

Preguntas que motivan desde la creación de alternativas
- ¿Qué opciones tienes?
- ¿Qué alternativas hay?
- ¿Qué distintos escenarios te puedes encontrar?
- ¿Qué formas tienes de abordar este asunto?
- ¿Conoces a alguien que lo hiciese diferente? ¿Cómo lo hizo?

Preguntas que motivan creando el plan de acción
- ¿Qué acciones habría que incluir en el plan?
- ¿Qué pasos serán necesarios para conseguir su objetivo?
- ¿Cuáles serán los principales hitos en el camino?
- ¿Has hecho tu método MEJORA?

Preguntas que motivan desde la estimulación
- ¿Cuál sería el mejor resultado?
- ¿Cuál sería el resultado ideal?
- En última instancia, ¿qué te gustaría conseguir?
- Imagina que han pasado un par de años, todo ha salido como querías y nos volvemos a encontrar, ¿qué has hecho para conseguirlo?
- ¿Por qué te gustaría ser recordado?

Preguntas que motivan desde la visualización negativa
- ¿Cuál es el peor escenario posible?
- ¿Qué pasaría si no lo consigues?
- ¿En qué medida estás preparado para fallar en este asunto?
- ¿Qué podría ser lo peor?
- ¿Cómo vas a evitar lo anterior?

Preguntas que motivan desde el recuerdo del éxito
- ¿Cuál fue tu comportamiento en una situación similar en la que tuviste éxito?
- En alguna situación similar a la actual en el pasado, ¿cómo conseguiste salir con éxito?

- *Aunque sea en diferente contexto, ¿cuándo tuviste la fuerza de voluntad necesaria para superar un asunto similar?*

Preguntas que motivan desde la metáfora
- *Escuchándote tengo la sensación de que tienes una pesada carga a la espalda, ¿cómo sería si en su lugar tuvieras unas estupendas alas?*
- *Tengo la impresión de que estás metido en una ciénaga con el barro hasta las cejas, ¿cómo sería si pudieras nadar en un mar abierto y cristalino?*

Preguntas que motivan cambiando de perspectiva
- *¿Cómo solucionaría este asunto una persona en la que confías?*
- *¿Qué consejo te darías a ti mismo?*
- *Si esto le estuviera ocurriendo a uno de tus hijos en el futuro, ¿qué consejo le darías?*
- *Si vieras esta situación y la trataras con más sentido del humor, ¿qué solución le darías?*
- *Imagina que eres un vendedor muy exitoso, ¿qué harías en esta situación?*
- *Si fueses yo, ¿qué harías en esta situación?*

Preguntas que motivan la elección
- *Entre resolver el conflicto, aceptarlo o resignarte, ¿qué prefieres?*
- *¿Qué camino vas a tomar, el A o el B?*
- *¿Qué opción de las tres prefieres?*
- *¿Vas a reaccionar de forma inmediata o prefieres esperar?*
- *¿Has hecho ya lo encomendado o lo vas a hacer ahora?*

Preguntas de apertura a la conversación
- *¿Qué tal te encuentras?*
- *¿Qué quieres mejorar?*
- *¿Qué te gustaría hacer hoy?*
- *¿De qué te gustaría que hablásemos?*

- *¿En qué podemos trabajar juntos?*
- *¿Cuál es el resultado que te gustaría obtener de esta sesión?*
- *¿Cómo puedo ayudarte?*
- *¿Qué quieres conseguir en esta sesión?*
- *¿Qué esperas hoy de mí?*

Preguntas para profundizar en la conversación
- *¿Cómo te sientes cuando eso ocurre?*
- *¿Qué hiciste para que eso ocurriera?*
- *¿Qué consecuencias tuvo?*
- *¿Qué factores había en esa situación?*
- *¿Qué es para ti...?*
- *¿Qué sientes al enfrentarte a una situación como ésta?*

Preguntas de toma de conciencia en la conversación
- *¿De qué te das cuenta?*
- *¿De qué eres consciente ahora?*
- *¿Qué has aprendido?*
- *¿Cuál es la conclusión que sacas de todo esto?*

LA ULTIMÍSIMA PALABRA

Está en tu mano cambiar, evolucionar o transformarte. Si lo primero significa variar una costumbre o un hábito, y lo segundo es adaptarse al entorno mejorando la manera de interactuar con él, es en la transformación donde reside la llama de la verdadera motivación: nos transformamos para generar una nueva realidad.

Sé que nos encontraremos en nuestra vida con algunas interferencias graves como el miedo al fracaso, la falta de objetivos claros, un sistema de recompensas inadecuadas, un espacio de trabajo deprimente, un ambiente negativo, exceso de reuniones o de pérdida de tiempo, jefes controladores, una colaboración ineficiente e incluso una desastrosa falta de crecimiento y desarrollo. También aparecerán la tristeza, la envidia, el egoísmo, la dislexia emocional y todo lo anteriormente reflejado en el libro. Lo sé, porque por desgracia, nadie dijo que en la vida todo se solucionase con una sonrisa, o con un motivo. Eso sí, te aseguro que ambos ayudan.

Ambos ayuda a transformarnos conocer las teorías de la motivación que he compartido y su aplicación práctica, para con ello ganar en eficiencia y conocimiento práctico. Las grandes mentes de esta área están a tu disposición para que encuentres luz en tu proceso.

Ayuda a transformarnos identificar los motivadores, intrínsecos y extrínsecos, y usarlos para generar fórmulas para estimular la mente y nuestra energía. Sentimientos, motivos, objetivos o sensaciones que nos lanzan al movimiento, nos dan una oportunidad y nos hacen pasar de cero a uno.

Ayuda a transformarnos tener claras las interferencias que nos anclan a la inacción, para escapar de ellos y luchar cada día con el fin de convertirnos en nuestra mejor versión. Elementos nocivos que como has visto estarán siempre al acecho de su aliado favorito: tu conformismo.

Y por supuesto, ayuda a transformarnos desarrollar los potenciadores estratégicos y discursivos, para forjar el compromiso, elevándolo hasta una motivación perdurable, eficaz e inquebrantable. Acciones que servirán de brújula ante un sentimiento de pérdida, y de alas cuando decidamos alcanzar lo más alto.

Así que ayúdame a ayudarte en tu transformación. Porque ahora todo está en estas páginas. A tu alcance. Y como te prometí, en el libro de motivación más completo que jamás se ha escrito. Desde el sano orgullo. Desde mi propio compromiso y motivación. Pero ¿cómo empezar y por dónde? El siguiente gráfico sirve para construir la matriz de motivación y hasta la última página de este libro quiero que te sea verdaderamente útil. En el decágono que encontrarás a continuación, y tras leerte los capítulos de los motivadores, escoge los cinco intrínsecos y otros tantos extrínsecos, con los que más conexión y afinidad sientas. Los que con más fuerza provocan tu motivación. Anota cada uno en uno de los lados exteriores de la figura y a continuación, rellena coloreando tu nivel de satisfacción actual del mismo. Si el centro de la figura es «nada motivado con» y el exterior «completamente motivado con», ¿cuántas casillas colorearás? Una vez que lo tengas todo relleno, se podrá observar aquellos elementos que están impulsando tu acción, y a su vez, aquellos que necesitan un estímulo. Pues bien, remata la matriz de motivación reflexionando sobre qué necesitarías para rellenar una casilla más en cada motivador y creando un plan de acción para generarlo. Ya sabes, SMART, PURE o CLEAR, como dijo Locke.

La persona que se transforma no espera que el mundo le dicte sus normas o el universo le rija con su azar. Conoce la posibilidad que el fuego de la motivación ofrece y provoca con su transformación, quemando la realidad que conoce. Un cambio ante lo que le hostiga. Una evolución hacia lo deseado. Una transformación hacia el éxito.

Sé una referencia, una persona líder en la transformación de su contexto que genere sucesores, no seguidores. Entre tu familia, tu pareja, tus amigos. Debes creer en tu equipo y comprender que tras la cifra de negocio, se refugian personas con sueños y miedos, con esperanzas y decepciones, con motivos que les elevan y con interferencias que los bloquean. En definitiva, debes aspirar a dejar tras tu marcha un legado proyectado en las personas con las que tengas el placer de trabajar.

Así pues, ayuda a otros a ayudarse. Descubre los motivadores desde la cercanía, la humildad y la responsabilidad del buen líder. Extrae aquellas interferencias que estén, a tu cargo o a tu persona, provocando. Cincela estrategias memorables con las que cada persona pueda comprometerse. Estimula con discursos inspiradores que insuflen aliento a quienes los escuchan. Sé la cerilla que desate su fuego de la motivación.

Y para comenzar la transformación... **GRITA**. Ése es el único camino para que suceda. El camino de las personas sabias que desean provocar una acción memorable y sostenible, comprometida y exitosa. Encontrando un **G**ran motivo inspirador y capaz de sacar lo mejor de uno mismo. Un gran motivo que se fundamente en el «para qué» se hacen las cosas, o incluso «para quién». Pensar en por qué o por quién se está dispuesto a vivir una transformación, por qué o por quién se desea vivir mejor, a qué o a quién perderíamos en la muerte de la inacción. Seguidamente hay que identificar los **R**ecursos positivos, recordando que la grandeza reside en todo aquello que se sabe hacer bien, que se ha conseguido, que convierte a cada persona en su mejor versión. Y acto seguido, estimular la **I**maginación de un escenario favorito, esperando lo mejor y preparándose para lo peor. Conjurando una visualización del éxito y diseñando mentalmente el objetivo hasta que cualquier persona pueda tocar nuestra meta y ayudarnos a colorear los detalles de tan bella escena mental. A cada objetivo, habrá que aplicarle la **T**écnica oportuna, bien racional, bien discursiva, la herramienta más adecuada es aquella que más útil sea en cada momento. Si crees que no se puede clavar un clavo con una brocha, ¡intenta pintar una pared con un martillo! Aprender la técnica y generar una estrategia es sencillamente imprescindible si buscamos una transformación real, pero nada se consigue desde el pensamiento, sino que se debe pasar a la **A**cción. Al compromiso del movimiento, al cumplimiento de nuestro plan de desarrollo. Cada paso es una meta y cada meta un paso. La transformación llega para quien GRITA sin gritos. Para quien GRITA desde el amor, desde la esperanza, desde la ilusión. Para quien GRITA desde la única violencia de destruir la apatía y la inacción.

Grita para ayudar a otros a transformarse y nada volverá a ser lo mismo. Grita para comprometerte con un legado digno y nunca volverás a ser igual. Grita sin recurrir a los palos astillados, ni a las zanahorias rancias. Grita siendo adalid de la transformación que provoque una nueva realidad. Grita y lidera la motivación en quien toda persona quiera verse reflejado. Sé quien tú desees realmente ser y grita. No te cortes. No te ancles. No te castigues. Grita.

Yo, confío en ti y estoy seguro de que pronto sentiré tu llama.

Ahora que sabes cómo,
si quieres puedes

MATRIZ D

INTRÍNSECOS

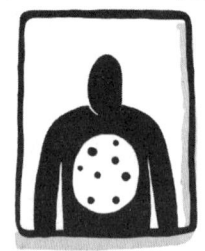

- CONOCIMIENTOS
- DIVERSIÓN
- AUTOESTIMA
- PASIÓN
- LEGADO
- INDEPENDENCIA
- OPTIMISMO
- HONOR
- VENGANZA
- MIEDO

1. Tras leer los capítulos de los motivadores, elige los 5 de cada clase con los que más te identificas y escríbelos al final de cada lado de la figura.

2. Si el centro de la figura es un 0 (nada motivado) y la casilla más grande un 5 (totalmente motivado), valora tu estado actual respecto a ese motivador (en tu vida, en tu trabajo, con tu equipo...).

MOTIVACIÓN

EXTRÍNSECOS

RETO
APOYO
RECOMPENSA
COMPROMISO
TRIBU
PODER
REPUTACIÓN
AMOR
ACEPTACIÓN
LIBERTAD

3. Observa cuáles son los motivadores más bajos y plantéate qué está en tu mano hacer para subir al menos una casilla. Utiliza los potenciadores estratégicos para generar un plan de acción y los discursos para anclarlo.

BIBLIOGRAFÍA DE APOYO

Adams, J. S., «Inequity in social exchange», *Adv. Exp. Soc. Psychol*, 1965.
Ariely, D., *Las ventajas del deseo: Cómo sacar partido de la irracionalidad en nuestras relaciones personales y laborales*, Ariel, Barcelona, 2011.
Babauta, L., *El poder de lo simple*, Ariel, Barcelona, 2008.
Berne, E., *Juegos en que participamos*, RBA Libros, 2007.
Blanco, A., *Las claves de la motivación*, Ediciones B, Barcelona, 2014.
Berne, E., *Juegos en que participamos*, RBA Libros, Barcelona, 2007.
Burchard, B., *El manifiesto por la motivación*, Conecta, México, D. F., 2015.
—, *Recárgate. Cómo activar los 10 impulsos humanos que te hacen sentir vivo*, Zenith, Barcelona, 2013.
Buckingham, M., *¡No te detengas! Activa tus fortalezas*, Granica, Barcelona, 2008.
Carrell, M. R., y J. E. Dittrich, «Equity Theory: The Recent Literature, Methodological Considerations, and New Directions», *The Academy of Management Review*, 3, 2: 202-210, 1978.
Chica, L., *Pon un coach en tu vida*, Alienta, Madrid, 2015.
Cole, G. A., *Management, Theory and Practice*, 6.ª ed., Thomson, Londres, 2003.
Crosby, P., *Quality is free*, Penguin, Nueva York, 1980.
Cubeiro, J. C., *Atrévete a motivarte*, Alienta, Madrid, 2014.
—, *Del capitalismo al talentismo*, Alienta, Madrid, 2012.
—, *La sensación de fluidez*, Pearson, Madrid, 2011.
Drucker, P., *Drucker esencial: Los desafíos de un mundo sin fronteras*, Edhasa, Barcelona, 2003.
Duhigg, C., *El poder de los hábitos*, Urano, Barcelona, 2012.
Fuster, V., *El círculo de la motivación*, Booket, Barcelona, 2014.
Gaona, J. M., *Endorfinas, la hormona de la felicidad*, La esfera de los libros, Madrid, 2007.
Gladwell, Malcom, *Fueras de serie: Por qué unas personas tienen éxito y otras no*, Punto de Lectura, Barcelona, 2015.

Godin, S., *¿Eres imprescindible?*, Gestión 2000, Barcelona, 2010.
—, *Tribus: Necesitamos que tú nos lideres*, Gestión 2000, Barcelona, 2009.
Goleman, D., *Focus*, Kairós, Barcelona, 2013.
Grant, A., *Dar y recibir*, Gestión 2000, Barcelona, 2014.
Greene, R., *Las 48 leyes del poder*, Espasa, Barcelona, 2012.
Handy, C., *La organización por dentro: Por qué las personas y las organizaciones se comportan como lo hacen*, Deusto, Barcelona, 2005.
Heath, C., y D. Heath, *Decídete: Cómo tomar las mejores decisiones en la vida y en el trabajo*, Gestión 2000, Barcelona, 2014.
—, *Cambia el Chip: Cómo afrontar los cambios que parecen imposibles*, Gestión 2000, Barcelona, 2011.
Herzberg, F., *Una vez más: Cómo motivar a los trabajadores*, Deusto, Barcelona, 1977.
Iyengar, S., *El arte de elegir. Decisiones cotidianas: Qué dicen de nosotros y cómo podemos mejorarlas*, Gestión 2000, Barcelona, 2011.
Jeffers, S., *Aunque tenga miedo, hágalo igual*, Robinbook, Barcelona, 2014.
Jericó, P., *No miedo*, Alienta, Madrid, 2006.
—, *¿Y si realmente pudieras?*, Alienta, Madrid, 2016.
Kawasaki, Guy, *El arte de cautivar: Cómo se cambian los corazones, las mentes y las acciones*, Gestión 2000, Barcelona, 2011.
Locke, E. y G. P. Latham, *A Theory of Goal Setting & Task Performance*, Prentice Hall, Englewood Cliffs (NJ), 1990.
Marina, J. A., *Los secretos de la motivación*, Ariel, Barcelona, 2011.
—, *El misterio de la voluntad perdida*, Anagrama, Barcelona, 2004.
Maslow, A., *Motivación y personalidad*, Ediciones Díaz de Santos, Madrid, 1991.
McClelland, D., «Toward A Theory Of Motivation Acquisition», *American Psychologist*, vol. 20, 1965.
McGrath, J., y B. Bates, *El pequeño libro de las grandes teorías del management*, Alienta, Madrid, 2014.
Pérez, J., S. Méndez y M. Jaca, *Motivación de los empleados: Teoría de Herzberg*, Universidad de Sevilla, 2010.

Pink, D. H., *La sorprendente verdad sobre qué nos motiva*, Gestión 2000, Barcelona, 2010.
—, *Una mente nueva*, Ilustrae, Madrid, 2008.
Robinson, K., *El elemento: Descubrir tu pasión lo cambia todo*, Debolsillo, Barcelona, 2010.
Robbins, A., *Poder sin límites*, Debolsillo, Barcelona, 2010.
Romo, M., *Entrena tu cerebro*, Alienta, Madrid, 2015.
Sánchez-Magallón, A., *Motívate*, LID Editorial, Madrid, 2015.
Sapolsky, R., *¿Por qué las cebras no tienen úlcera?*, Alianza, Madrid, 2008.
Seligman, M., *La auténtica felicidad*, Grupo Zeta, Barcelona, 2011.
Skinner, B. F., *Contingencias del reforzamiento: Un análisis teorético*, Editorial Trillas, México, 1969.
Skinner, B. F., *Sobre el conductismo*, Martínez Roca, Madrid, 1987.
Tracy, B., *Motivación*, Grupo Nelson, 2015. [ebook]
Turienzo, R., *Carisma complex*, Alienta, Madrid, 2012.
—, *Saca la lengua*, LID Editorial, Madrid, 2008.
Valderrama, B., *Motivación inteligente. El impulso para conseguir tus metas*, Pearson Educación, Madrid, 2010.
Zack, P., *La molécula de la felicidad*, Urano, Barcelona, 2012.
Zeus, P., y S. Skiffington, *Coaching práctico en el trabajo*, McGraw-Hill, Madrid, 2004.

AGRADECIMIENTOS

Tras una docena de libros en los que me he divertido, he aprendido y me he desarrollado, tengo la verdadera impresión de que éste es mi primer libro. Quizá por la profundidad con la que me he acercado al tema, por mi pretensión de crear un verdadero manual que perdurase en el tiempo, o quizá porque sencillamente al leerlo, me parece escrito por un nuevo yo. Vosotros diréis. El caso es que éste, sin duda, es mi primer libro. Al menos de esta nueva etapa de un yo transformado.

Gracias a todas las personas que me han ayudado en este camino hasta convertirme en quien soy hoy, mientras me dan energía para seguir construyendo y convertirme en alguien mejor cada día.

Gracias a Mónica Galán por iluminar mi vida con su presencia, ser alfarera de conversaciones inspiradoras e instantes de transformación, musa a la que siempre se puede recurrir y referente admirable como profesional y como persona. Sin ti no habría podido escribir este libro en el que tu delicadeza y tu exquisitez están muy presentes en cada párrafo.

A Pau Sala por ser amigo, aliado y cómplice, así como por acompañarme en cada proyecto con serenidad y equilibrio. Nos quedan muchos directos que vivir juntos y mucha vida que transformar.

A Javier Morán por ser mi *espartano* favorito, motivar a quien se ponga por delante y luchar en mi trinchera cantando por Sabina.

Gracias a mi editor, Roger Domingo, por confiar en mí y estar siempre cuidando de este *enfant terrible* del management que debe hacerle gracia, o provocarle curiosidad, pero para el que siempre tiene su mano tendida. Gracias por tu profesionalidad y unas reflexiones acertadas en cada momento. A Carola Kunkel por su profesionalidad y el mimo con el que ha cuidado cada detalle de esta obra. A Mamen Díaz por el uso de sus pinceles y por lo fácil que ha hecho el proceso. ¡Qué placer trabajar con gente así!

Gracias sinceras a Cipri Quintás por su eterna generosidad y su consejo siempre acertado. A Mago More por retarme a ser mejor cada día. A Irene Villa por ser muestra de valentía y motivación. A Águeda de Burgos y Justo Mármol por enseñarme lo que es la verdadera complicidad. A Jorge Blass por su grandeza y por acercarme un día con su magia, sin saberlo, a la persona que cambió mi vida. A Marga Mayor por recibirme siempre con un abrazo y una sonrisa. A Mey Green, que abrió su arte de par en par para que todos pudiésemos observar la belleza de su voz. A Íñigo Juantegui por dejarme participar en sus sueños y ser aliado en los míos. A Catalina Hoffman por su energía y su capacidad de seguir siempre ofreciendo su mejor sonrisa. A Alejandro Vesga por su mirada curiosa y su perspicaz comentario frente a la costa de Mallorca. A Concha Canoyra por liderar subida a unos tacones sin olvidar la emoción por vivir. A Felipe Campos por cambiar el mundo en cada suspiro. A Berta Merelles y su capacidad de superación. A José María Irisarri por dedicarme su tiempo y su energía. A Juan Pablo Lauro por sus conversaciones de crecimiento. A Nacho Villoch por arrastrarme a sus mares de conocimiento con la pasión que todo capitán debe tener. A Paco Polo por apostar por sus ideales y ser fiel reflejo de coherencia y ética. A Pilar Jericó por mostrarme aquel día la mujer que se escondía tras la excelencia, ofrecerme desde la humildad y enseñarme tu magnanimidad. A Manuel y Mamen por crear amor con la delicadeza de los verdaderos artesanos del talento. A Pablo Juantegui por la confianza y la humanización directiva. A Rosalía Manjón por ser tan especial y recibirme en su casa y familia cuando apenas forjábamos estos cimientos profesionales. A Luis, Auxi, Marc, Pedro y al resto de talenteros que me aportasteis tanta luz en apenas unos días de los que hoy aún me siento agradecido. Y, por supuesto, gracias a Juanjo Fraile y a Belén Blanco por vuestro cariño, conversación y por crear desde el amor un espacio mágico de talento, ilusión y esperanza. Sois personas increíbles.

Gracias a mis imprescindibles. Esas personas que me motivan y me alientan, que me cargan de energía y me llevan a otro lugar. A Antonio Moya por ser el mejor *coach* del mundo. A Juan Carlos Cubeiro por ser maestro, amigo y un gran padrino. A Marta Romo por tus enseñanzas, tu alegría y tu capacidad de dar por encima de cualquier otro motivo. Eres una *giver*, y ¡me encanta! A María Luisa Moreno, Laura Chica, Emma Salamanca, Jaime Pereira, José Luis Sordo, Francisco Alcaide, Eva Collado Durán y tantos otros que suman desde la distancia y multiplican en la cercanía. A Joaquín Canelo, fuente de mi alegría y alma gemela. A Guillermo Quero y Jesús Nieto, mis hermanos por elección, por vuestra confianza y cariño y por ser personas que me demostráis lo alto que se puede llegar. A Pilar Cuesta por enseñarme a comer y a cuidar el ser que rodea mi mente. A Hugo Bend y al resto de los Animales Custom Club por compartir kilómetros de hermandad. A Ana Salazar por aterrizar con su nave hace años y seguir viendo el mundo desde el sarcasmo y la camaradería. A Azucena Peláez por ser amiga fiel de exquisito trato. A Silvia Limones por recibirme con esa mirada tan particular y ese cariño tan espectacular. A Jerónimo Martínez por ayudarme en aquella carrera de la vida. A Bárbara Giménez por estar en mi vida para enseñarme la otra cara de la moneda. A Laura Díaz por ser capaz y capacitadora. Gracias a todos y cada uno, incluso a aquellos que seguro me he dejado en el tintero y colaboraron de una forma u otra mientras escribía este libro.

A Iván Turienzo por ser alguien que me motiva a luchar por el amor verdadero y por estar siempre presente. Nunca olvides que te quiero.

A Borja Turienzo por ser mi persona favorita en el mundo y enseñarme lo que es la lealtad y la coherencia. Siempre estaré a tu lado.

Y, por supuesto, a todas esas personas que me apoyan, leen, siguen y dan aliento. No os hacéis una idea de lo importante que me hacéis sentir con vuestro amor y vuestra energía. Sois el verdadero motivo de este libro. Sois los primeros de este primer libro.

Gracias.

HASTA LA PRÓXIMA

Éste es un libro de hacer más que de leer. Pronto verás los cambios, te lo aseguro. Así que aunque ésta sea la última página en el apéndice de este libro, déjame decirte que te pido disculpas si alguna de las técnicas no las he sabido explicar con suficiente claridad. Espero que me lo hagas saber en ruben@wiwin.es y podré mejorarlo en próximas ediciones e incluso buscar una forma de desarrollarlo mejor.

Gracias por tu tiempo y tu dedicación. Por acercarte a este libro con ganas de aprender y mejorar, y por dejarme compartir mi visión de la motivación. Espero que esta inversión económica, temporal y energética pronto dé sus frutos en ti.

Y, por último, te quiero. Por haber demostrado tu coraje y rematar este libro, con más de cien elementos, trucos y herramientas para desarrollar tu motivación. Pero, sobre todo, porque sé que lo vas a llevar a la práctica motivando a otras personas y motivando a la persona más importante del mundo: a ti mismo.

Nos vemos pronto.